平凡社新書
828

白川静入門

真・狂・遊

小山鉄郎
KOYAMA TETSURŌ

HEIBONSHA

白川静入門●目次

まえがき

『白川静さんに学ぶ　漢字は楽しい』や、その続編『白川静さんに学ぶ　漢字は怖い』（ともに共同通信社／新潮文庫）をはじめ、白川静が解明した体系的な漢字の成り立ちの世界を紹介する本を何冊か書いてきた。『漢字は楽しい』『漢字は怖い』の後も、さらに「漢字物語——白川静文字学入門」という新聞・ウェブでの連載を六年間続けるなど、気がつくと、かれこれ十数年も白川文字学の世界を紹介している。

本来、自分は通信社の文学担当記者であるが、文化の中心である文字の成り立ちについて知らないことに気づき、二〇〇二年、白川静に手紙を書いて、漢字の基礎の基礎から教えを受けたのが、白川との出会いであり、白川の文字学を紹介していくきっかけだった。

白川から漢字について学びながら、自分の専門である文学者たちの小説や評論、エッセイなどを読むうちに、多くの人たちが、白川静の仕事から刺激を受けて、作品を書いていることを知るようになった。

そこで、まず第一章では、白川静の影響を受けていると私が考える文学者たちについて書いてみた。具体的には、宮城谷昌光、栗田勇、高橋睦郎、石牟礼道子、李良枝、辻原登、村上春樹らである。白川の文字学との関係を記し、それらの文学者の作品の中に出てくる漢字を具体的に挙げて、その文字が持つ意味を通して、白川文字学の中心的な概念をわかりやすく紹介した。

また、白川の文字学についての記事を書く際、白川の『字統』『字訓』『字通』や入門的な『常用字解』（いずれも平凡社）などの字書を読み、他の漢字研究者たちが著した大きな漢和辞典が、どのように各文字を記述しているのかも参照しながら、連載を続けてきた。

白川静の文字学の特徴は〝体系的〟ということである。体系的であるゆえに、ひとつの漢字の成り立ちがわかると、関連した文字がいっぺんに理解できるのである。白川自身は「もともと漢字は体系的にできているのだから、ひとつひとつ暗記する必要はない」と語っていた。その漢字の体系的な成り立ちについて、第二章で、具体的な文字を挙げて、白川だけでなく、他の漢和辞典の記述も横断的に紹介しながら、記してみた。

特に諸橋轍次・鎌田正・米山寅太郎著『広漢和辞典』（大修館書店、一九八一―八二年）と、白川静『字統』の成立関係について詳述することになった。諸橋轍次は『大漢和辞典』で著名な漢字研究者であり、大修館書店はその刊行で知られる。だが、白川静の字説の中で重要と思われる文字について、『広漢和辞典』以降に編纂刊行されている大修館書店の漢和辞典は、なぜか『大漢和辞典』に従っていない。

白川静と諸橋轍次は、漢字の辞典の著作で文化勲章を受けた研究者で最もよく知られる二人である。私は記事や本を書くために、白川静の『字統』『字通』などの字書と、諸橋轍次の『大漢和辞典』『広漢和辞典』を読み比べてきたのだが、その過程で抱いた『大漢和辞典』『広漢和辞典』の字説の変遷についての素朴な疑問を本書で記した。

白川静の文字学は、反転に富み、ダイナミックな動きを有している。その点が多くの文学者をはじめ、読者の強い支持を得ている原動かと思う。白川のその反転に富む思考はいったいどこから来ているのか。その点については、第三章で、私なりの考えを書いた。

さらに、漢字学者というものは古い時代からの文字を扱うためか、どうも保守的と思われるようであり、白川自身も保守的と思われたり、反動分子とされたりしたことを嘆いていたようだ。しかし白川の著作を虚心に読めば、戦争を嫌い、東アジアの平和を願って、研究を進めてきたことは明らかである。

本書では、若き白川静が昭和十一（一九三六）年の「二・二六事件」の直後に詠んだ短歌群なども第四章で紹介した。それを読んでもらえば、白川の戦争を嫌う気持ちをよくわかってもらえると思う。

一方で白川は、とてもお茶目な一面を持った人であり、確固たる意志を貫く人でもあった。直接、教えを受けるなかで伝わってきたその人間性も、いろいろなエピソードを交えて描いてみた。

白川静は、文字学の聖典である許慎の『説文解字』へ徹底的な批判を加えて、体系的な漢字の成り立ちの秘密を解き明かした人として知られる。その業績は漢字の故郷である中国の人も成し得なかったものであるが、一方で許慎への深い尊敬の念も抱いていた。許慎『説文解字』への厳しい批判と深い尊敬とは、いったいどのようなことであったのか。その点については、最終の第五章で、白川との具体的な応答を交えて、私の考えを記した。

白川静の全体像——白川の学問の特徴やその受容、広がりなども含め——を、白川が説く漢字の体系的な成り立ちを随所に交えながら、可能な限り、読みやすくわかりやすく記したつもりである。楽しみながら、白川静の魅力、漢字の魅力に触れてほしい。

第一章　白川静と文学者たち

「白川先生の書物を読ませてもらうと、たったの一語、たったの一行で小説が千枚書けるんです」

白川静の『回思九十年』（平凡社、二〇〇〇年／平凡社ライブラリー、二〇一一年）に収められた白川静と宮城谷昌光の対談「日本人が忘れたもう一つの教養」の中で、宮城谷はそのように白川の文字学の魅力を語っている。白川の文字学研究の成果からインスパイアされて、小説や評論を書いた人はたくさんいるが、なかでも、その関係が最もよく知られる作家は宮城谷昌光である。白川静の研究から、想像力を刺激されて、作品を創っていった文学者たちを紹介することから、この本を始めたいと思うのだが、その最初の人として、まず宮城谷作品と白川の文字学のことを記してみたい。

「白川先生の本に接するまでは、中国の勉強をしていても、わからないことばかりだったんです」「どこかに壁が立ちふさがってて、手も足も出ない」。でも「白川先生のおかげで、少し窓が開きました。白川先生は優しいから、こっちへ入っていらっしゃいと手招きして下さったのかもしれない（笑）。あんなに楽しく勉強したのは、生まれて初めてだと思います」と宮城谷は同じ対談で話している。「とにかく中国が面白くてしょうがない。三年間くらい、外へ出た記憶がないんです」とも加えている。

宮城谷昌光の出世作『天空の舟　小説・伊尹伝』

宮城谷は出世作である『天空の舟　小説・伊尹伝』（海越出版社、一九九〇年／文春文庫、一九九三年）のあとがきに、中国の歴史に興味を持ち、中国の歴史を扱った小説を書きたいと思い、しかも無謀にも題材を古代に採ったことを述べている。その時代の「史料は甲骨文と金文だけである。ところが、私の奇妙さは、漢字よりも先に、それらの古代文字を好きになったということである。ついには白川静博士の『金文通釈』が読みたくてたまらず、のこのこ神戸の白鶴美術館まででむいて、それを送ってもらい、いまの漢字になおしようのない字をながめては、あれこれ古代の形象を想像することを楽しんだ」とある。「三年間くらい、外へ出た記憶がないんです」というのは、このときのことだろうか。

『天空の舟　小説・伊尹伝』は中国最古の夏王朝を滅ぼした商（殷）の湯王を輔《たす》けた名宰相・伊尹《いいん》の生涯を描いた長編小説で、直木賞候補となり、新田次郎賞を受けた。

その『天空の舟　小説・伊尹伝』の中で、宮城谷は、たとえば、商の首邑（都）は「亳《はく》」と呼ばれると説明して、さらに「亳という字を、商の人々が後世に遺した甲骨文字でみると、あきらかに地上建造物の象形であり、それも木造で高床式の社廟《しゃびょう》のようにみえる」と

亳〔甲骨文〕  宅〔金文〕  高〔甲骨文〕  京〔甲骨文〕 

書いている。このように、古代文字の研究が直接反映した作品で、宮城谷は世に出てきたと言える。

宮城谷が述べている「亳」という文字は「高」という字の省略形と「乇」を合わせた字形である。さらに、その「高」は「京」の省略形と「口」の字形を合わせた文字だ。

古代文字を見るとわかりやすいが、「京」はアーチ形の出入り口のある都の城門の形で、門の上に望楼《ものみやぐら》のある大きな城門のことである。「高」の下部の「口」は顔の「くち」のことではなく、神様への祈りの祝詞《のりと》（古くは載書《さいしょ》といった）を入れる器「𠙵《サイ》」のことである。この「口」の字形が、顔の「くち」ではなく、神様への祈りの言葉である祝詞を入れる器「𠙵《サイ》」のことであることを発見して、「口」の字形を含む漢字を新しく体系づけたことが、白川静の文字学における最大の業績のひとつである。

つまりアーチ形の出入り口のある城門「京」の省略形の文字に、神への祈りの祝詞が入った「𠙵《サイ》」を供えて、悪霊などが入り込まないようにお祓いをすることを「高」と言う。その「高」の省略形に「乇」を加えた形が「亳」である。「乇」は先端が伸びて、ものに寄りかかる草の葉のことで、この「乇」を含む「亳」「宅」「託」などから考えると、草の葉による占いがあったのだろうと思われる。つまり「託」は占って、神意を問い、神託（神のお告げ）を受けること。「宅」「亳」は建物を建てるときに、神意を聞く方法を示している字だろうと白川は考えている。そして「亳」が「地上建造物の象形」であることは、その「亳」や「高」「京」の古代文字を見れば、よく理解することができる。

神の杖を持つ人

『天空の舟　小説・伊尹伝』の中から、もうひとつ、白川静の文字学を通した古代中国社会への理解ではないかと思われるところを紹介してみよう。

それは小説の題名にも記されている主人公「伊尹」についてのことである。「伊」とは伊水（現在の中国河南省を流れ、洛水にそそぐ川。洛水は黄河にそそいでいる）のことであり、「尹」とは聖職者のことである。この『天空の舟　小説・伊尹伝』の主人公が、聖職者としての名前を持っている人物という点に、革命を成功させた名宰相というだけでない意味が含まれていると、私は思う。

「伊尹」の「尹」という文字は「帚」の上部や「彗」の下部にある字形「ヨ」と、棒のような「丿」の字形を合わせたもの。「帚」の上部は「又」の字のことで「手」の意味、「丿」は杖のことである。つまり、神様の霊が宿る「杖」を「手」で持つ人のことで、神

又〔甲骨文〕 

尹〔甲骨文〕 

君〔甲骨文〕 

様に仕える者、聖職者のことだ。神意をただすので「ただす、おさめる」などの意味がある。「伊」も、その神の杖を持つ人の意味だが、古くは「伊水」「伊尹」のように固有名詞のみに使われ、その後に「これ、よる」などの意味に使われるようになった。これについて白川は、字源字書『字統』に「伊尹はもともとは伊水の神で、その神を祀る聖職者の名とされたものであろう」と記している。

宮城谷も「祭事《まつりごと》にかかわることのできるのは、王や君主のほかに、ごく限られた聖職者しかいないというのが、古代の祭政一致という治体の特殊さであった。したがって王とは、文武両官の頂点にいると同時に、神官の頂点にもいて、王自身が聖職者の長であるというべきであった」(『天空の舟 小説・伊尹伝』)と記している。「伊尹」は聖職者の長たる王を補佐する聖職者であり、古代中国は聖職者による祭政一致の社会であったのだ。このことの理解にも、白川が文字学を通して解明した、古代社会の姿からの強い影響がある。

その「尹」につながる関係文字に「君」がある。「君」は「尹」に「口」を合わせた字形。「口」の字形は、これも顔にある「くち」ではなく、神様への祈りの言葉である祝詞《のりと》を入れる器「𠙵《サイ》」だ。つまり「君」は神の杖を持ち、祝詞をとなえて神を呼び寄せることができる聖職者（神に仕える人）の長のことだった。そこから氏族の長を「君」と言い、君主のことを言うようになった。その「君」が、後に里君と呼ばれる村落の統治者となり、その支配する地域を「郡」と言ったのである。

『天空の舟　小説・伊尹伝』の「伊尹」は、そのような聖職者に連なる名前である。作中、伊尹が、商（殷のこと）の正使として夏に赴き、そのまま三年間人質に似た境遇で、夏に留まるのだが、そこに夏の「終古」という太史令が出てくる。太史令は歴史を編集・記録する史官の長であると同時に、聖職者であり、王室の重大な祭祀《さいし》はすべて行うという職掌。おそらく刑罰というものがなかった夏王朝の頃では、司法長官も兼務していた。刑罰に類したことは、宗教の儀制によって行われたと思われるからだ。

その終古が、伊尹の「神職としてのなみならぬ素質に気づいて」「神霊を招ける男だ」と思う場面がある。「どんなに知識が豊富で学問が深邃《しんすい》であっても、神の声を聴きとれることとは別なことである」と終古は考えている。伊尹は「神の声を聴きとれる」人物なのだ。さらに終古は「商は熱心な敬神の国であるときく。ゆくゆく商后はこの男に祭事をまかすつもりであるなら、商后の眼力はかなりのものであるといわねばならない」と思うのだ。そして、この「神の声を聴きとれること」が聖職者としての資格なのである。それは「聴」という文字の成り立ちにも反映しているのだが、それはこの章の別のところで紹介しよう。

このように、宮城谷は白川の文字学を深く受け止めて、古代中国を舞台にした歴史小説家として出発したのである。

頭蓋骨の「白」

その宮城谷に短編集『沈黙の王』（文藝春秋、一九九二年／文春文庫、一九九五年）がある。表題作「沈黙の王」は甲骨文字を作った商（殷）の二十二代目の王、武丁《ぶてい》の物語である。言語障害があるゆえに若き王子の時代の武丁は商から追放される。「ことばを失っている汝」は「王の嗣子にふさわしくないので、汝をこの神聖な宮廷から放逐すべし」とのことだった。

そして、武丁は遍歴の果てに「ことばを得た」。「わしのことばは、万世の後にも滅びぬであろう」と、王となった武丁は群臣たちに言う。神官のなかから、貞人《ていじん》と呼ばれる者が選抜されて、「象《かたち》を森羅万象から抽き出せ」と命令されて、中国で初めての文字を創造していくのである。その作業がたいへんだった。たいへんな例として、「白」を宮城谷は挙げている。

漢字は象形文字ゆえに、形のあるものを表すのは簡単だが、形のないものを表すのは、工夫が必要なのである。貞人たちは考える。「白」とは何であろう。「雪は白いが、雪をどう抽象するのか」「いや、白いものは、ほかにもある、花の白もあれば、雲の白もある」。貞人たちは検討の結果、「白とは、永久不変の白、すなわち頭蓋骨の白であると決めた。かれらは頭蓋骨を単純な線で画き、白、という文字を定めたのである」。

もちろん、この「白」は「白川静」の「白」である。「私の名の、この「白」は、それは髑髏《されこうべ》のことでございます」という話を白川はよくしていた。私も、白川から直接、その話を聞いたことがある。「白は髑髏のことでございます」という話をするときの白川の顔は、笑みで少しほころんでいた。つまり、この「沈黙の王」という作品は宮城谷昌光による、白川静への深い尊敬の表れなのだろう。

せっかくなので「白」の関係文字をひとつだけ紹介すると、「伯」の「白」も白骨化した頭蓋骨である。古代中国では討ち取った敵の首長の頭部を白骨化させて保存していた。すぐれた首長の頭蓋骨には強い霊力があると考えられていたのだ。そこから「かしら」の意味となり、「白」に「人」を加えた「伯」ができたのである。また「伯」に「あに」の意味もあるが、これは中国の周の時代に兄弟を伯、仲、叔、季の順に呼んだことによる。

白〔甲骨文〕

「実力伯仲」の「伯仲」とは長兄と次兄の力があまり違わないことである。

白川静の生地である福井市にある福井県立図書館内に「白川文字学の室《へや》」が、二〇〇五年春に開設（白川静没後十年の二〇一六年十月、リニューアルオープン）されたが、二〇一四年に、宮城谷昌光から、古代中国を舞台にした作品を書く際に使った中国関係の図書史料などが九百冊も寄贈され、展示されている。

栗田勇『一休　その破戒と風狂』

白川静が、ことのほか好きだった文字に「狂」と「遊」がある。その白川の「狂」、「遊」の理解を反映した本について、紹介したいと思う。

栗田勇『一休　その破戒と風狂』（祥伝社、二〇〇五年）は、室町時代中期の臨済宗の僧、一休を「狂」の視点から捉えた評伝である。室町時代は小歌の『閑吟集』にあるように「何せうぞ　くすんで　一期《いちご》は夢よ　ただ狂へ」と歌って、人々が踊り狂っていた時代である。

一休は「一休咄《ばなし》」や「とんち小僧」の主人公として後世に知られているが、応仁の乱の乱世を生き抜いて、堕落した禅を改革復興させ、大徳寺を中心に新しい禅文化を創った人である。一方で「一休は、時に酒肆《しゅし》婬坊《いんぼう》の巷《ちまた》で、あえて破戒の行に身を浸し、また風狂を巻きおこすことをことさら詩にうたった」人である（「まえがき」『一休 その破戒と風狂』）。世俗化し、金銭による授戒と得度が横行した時代であるが、そのような布教を痛烈に批判したことでも知られ、さらに盲目の森侍《しんじ》女《じょ》との恋愛、性愛を赤裸々に、そのまま高らかに詠い上げた詩偈《しげ》集『狂雲集』でも知られる。

栗田はその『狂雲集』を貫く語は「狂」であることを述べ、「白川静氏の『字統』（平凡社）によれば、「狂」の語源は「日常性の否定の精神に連なる詩的狂気をいう」。その根源は「狂における憑《つ》きものとはデモーニッシュなものである。／一休の「狂」は、あらゆる限定を突き破って、天空の霊性の極を生きることであった」と、その「まえがき」を結んでいる。

日本で「風狂」というと、精神状態が普通ではない状態のことや、あるいは風雅に徹することのように受け取られてしまいがちだが、「一休」はそのような「狂」の解釈では、とても捉えきれない人だった。栗田が考えていた、そんな一休の「狂」の姿を白川の字説が、見事に明らかにしてくれたのだ。

孔子と「狂狷」

『一休 その破戒と風狂』の本文の中でも、栗田は白川の「狂」について詳しく紹介している。「狂」は、いわゆる今日で言う「狂気」というだけの意味ではない。もっと深い本質的な「狂」である、と書いている。さらに白川の「狂・癡《ち》・愚」（『週刊文春』二〇〇四年四月二十九・五月六日号／「はしがき」『桂東雑記 Ⅲ』二〇〇五年）という文の中から、東洋の思想では「究極のものを真というが、完全というものはない。人間の究極のものは、その不完全態にあるということができる」「その哲学は、古代の神祇《じんぎ》官《かん》的な宗教者荘子によって完成された」という白川の考えを紹介した後、「狂とは進みて取る」という世間の枠の外に逸出しようとする志のことであり、また一方で「狂」の精神には「強い自制が要求される」ことを記している。

この「進みて取る」こと、その一方で「強い自制が要求される」とは、「狂狷《きようけん》」という言葉に込められた意味である。「狂狷」は『論語』にある言葉で「志が高く、心せまいこと」。孔子は「狂狷」の良さを「狂者は進みて取り、狷者は爲さざる所有るなり」と言っている。狂者には進取の気性があり、狷者には「死んでもそういうことはせん」というところがあるのだ。

白川は、この「狂狷」という言葉を深く愛していた。入門的な白川の字書『常用字解』

でも「狂狷」について詳しく説明しているし、ＮＨＫテレビの「起源にかえれ——文字の宇宙を旅する」という番組の中でも楽しそうに「狂狷」について話していた。白川は「世の中を変えるには「狂」なるものがなくてはあかん」とも語っていた。

その「狂」の文字の成り立ちについても紹介してみよう。栗田も『一休　その破戒と風狂』の中で「狂の字は王が鉞《まさかり》（玉座の象徴）に足をふれ、勇往の気を身につけることをいう。往と狂とは、もと同じ旁《つくり》の字であった」と白川が説いていることを記している。

この「狂」に含まれる「王」の文字と、後に漢字と呼ばれる文字は密接な関係を持っている。この「王」の字が意味する王様の存在が、文字の誕生と深く関係しているからである。宮城谷作品と白川文字学の関係を記したところでも述べたが、今から三千三百年ほど前、古代中国の殷王朝の王・武丁の時代に、現在「漢字」と呼ばれる文字は生まれた。それは王が亀の甲羅や牛の骨などに刻んで卜《うらな》い、神の意思を聴く際の道具として、発明されたのである。王が神と会話ができる道具として、その証拠として文字が生まれ、王は神と会話できるという権威で、国を統治している存在だった。

大きな鉞の頭部の刃

その「王」の字は、大きな鉞《まさかり》の頭部の刃の形である。この鉞の刃は武器として持ってい

王〔甲骨文〕〔篆文〕　往〔金文〕　狂〔甲骨文〕

たのではなく、王位を示すシンボルとして玉座の前に置かれていた。これが王位を象徴するゆえに「おう」の意味となったのである。この王位を示す鉞の刃には強い霊力があると考えられていて、だから「王」の字形を含む字には「鉞の刃の霊力」と関係した字が多いのだ。

「往と狂とは、もと同じ旁であった」と白川が述べる「往」は、その古代文字を見ると、現代の字形では旁の「王」の上の「、」が、古代文字では「止」(之)字形になっている。この「止」は足の形で「行くこと」を表す字形。「彳」は十字路の左半分の形で、これも「道を行く」意味の字形である。つまり王の命令で旅に出る際に、王位の象徴の鉞の刃に足を乗せ、その威力を身につけて出かけたのだ。そこから「往」は「ゆく」という意味となった。

そして「王」に「犭」を加えた「狂」の「王」の部分も古代文字では「往」と同形である。鉞の刃に足を乗せると異常な霊力が与えられて、動物のように「くるう」ことからできたという文字なのである。

漢字の聖典である『説文解字』(紀元一〇〇年頃)を書いた後漢の許慎は「王」について、

天地人の三才を貫いて、これをまとめ治める者と説明している。確かに現在の字形を見ると、三本の横線が「天」「地」「人」で、それを一本の縦棒が貫いて、統一している。許慎は前漢の儒学者・董仲舒《とうちゅうじょ》の説に沿って述べていて、漢時代に支配的だった「天人合一思想」が「王」の文字の解釈にそのまま当てはめられている。

しかし、古代文字を見るとわかるのだが、『説文解字』が例に挙げる字形（王）でも、現在の字形のように三本の横線が、均等ではなく、上の二本の横線と下の横線の間隔が広くなっていて、「天」「地」「人」と均等に並べて、字解できる形になっていないのである。そして、さらに古い字形では「王」は明らかに鉞の形をしている。許慎の時代は漢字誕生から千三百年も経っていたので、甲骨文字や金文（青銅器に鋳込んだ文字）の多くは、地中に埋もれていて、許慎はそれらの文字を見ることができなかった。そのため許慎の説は白川とは異なるものとなったのだ。

対極者の力をよび起こしながら

白川は、八十歳を迎える記念に『文字遊心』（平凡社、一九九〇年／平凡社ライブラリー、一九九六年）という随筆集を出版しているが、そのとき書き下ろしの形で書いた「狂字論」という「狂」の字をめぐる論が、同書の冒頭に置かれている。

この「狂字論」は、約百頁の論。『文字遊心』の「あとがき」には「もうあまりゆっくり遊んでいるひまもない年齢となった。それで急いで「狂字論」を書いた」とある。「ゆっくり遊んでいるひまもない」という言葉が本の題名の「遊心」の洒落にもなっていて、年齢を重ねても、いつも茶目っ気を忘れなかった白川らしい表現でもあるが、その『文字遊心』の「あとがき」で、白川は「狂」について、次のように記している。

狂の問題は、民族の精神的な振幅に関する問題である。狂は理性の対極にあって、いわば運動の起動力となる。狂的な自己衝迫によって、はじめて運動が起こる。学問の世界でも、忠実な紹述者ばかりでは、何ごとにも発展はない。論難答問があって、はじめて展開がある。その論難答問を認めないような、権威主義の横行を許してはならない。狂とは、まずそのような権威を否定する精神である。そしてその否定を通じて、新しい発展をもたらす理性が生まれる。そして理性は、無限に、螺旋的に循環し、いつも対極者の力をよび起こしながら運動する。理性が狂をよぶのか、狂が理性をよぶのかは、いずれとも知られない。ともかく、生きることは一種の狂である。

「狂狷」の「狷」の「肙《えん》」は、小虫の「ぼうふら」の姿のことだ。それゆえ「小さいもの」の意味があり、「狷」は小さく一事に心が執して「かたくな」なことである。「狂狷」とは、固く自らを守り、人に妥協しないこと。「中国では、理想を高く持ち、世間一般の人のような平凡な生き方に反した意欲的で自由な生き方をする人が尊敬されたのである」と白川は『常用字解 第二版』の「狂」の項に記している。その「狂」の字を愛して、百頁もの「狂字論」を急いで、さっと書いてしまうほどなのだから、この『常用字解』の「狂」の説明は自分の生き方の理想でもあったのだろう。

栗田が、その「一休」を書く際にわざわざ白川の「狂」についての字説を記したことには、このようなダイナミックな「狂」の捉え方に深く動かされるものがあったと思われる。「一休」の下《もと》には、世阿弥の娘婿の金春禅竹、侘《わび》茶の祖である村田珠光、連歌師の宗長、俳諧の山崎宗鑑らが集《つど》った。その後、日本の文化の光が「一休」の「狂」を光源にして広がっていったとも言えるような存在なのである。能楽、茶道、生花、連歌・俳諧を貫く日本の美学は、源流を辿ると、一休をとりまく文化芸能人たちに行き着く。日本美学は一休の「狂」の周辺から、芽を吹き出し、次第に形を整えていったとも言えよう。栗田が考えていた、その「狂」の姿を、白川の字説が、見事に明らかにしてくれたのだ。栗田勇『一休 その破戒と風狂』の一冊を白川静の「狂字論」が支えていると言ってもいいのである。

高橋睦郎『遊ぶ日本　神あそぶゆえ人あそぶ』

詩人で俳人、評論家でもある高橋睦郎も白川静から、強くインスパイアされた一人だ。その高橋に『遊ぶ日本　神あそぶゆえ人あそぶ』（集英社、二〇〇八年）という本がある。

これは日本の遊びのありよう、遊びの精神を、文芸作品などを通して描いた通史のような一冊。その冒頭に「遊べ遊べ遊べ　原理1」という章が置かれていて、「神楽歌」の神楽について、もともとは「神楽」自体が「かみあそび」、「神楽歌」も「かみあそびうた」と呼ばれていた可能性が高いことを紹介した後、「白川静『字統』によれば、「遊」は「声符は斿《ゆう》。斿は氏族の旗を建てて、外に旅することを示す字で、遊の初文。字はまた游ともかく。（中略）すべて自在に行動し、移動するものを遊といい、もと神霊の遊行《ゆぎよう》に関して用いた語である」」ことが記されている。

加えて「楽」については「木の柄のある手鈴の形。これを振って、その楽音をもって神を楽しませる。（中略）卜文・金文には、一鈴もしくは二鈴の形にしるす。手にもって振り鳴らすもので、シャーマンの呪具として最も愛用されるが、もとは神楽に用いたものであろう」という白川静の字説を引いている。

前節でも記したが、白川は、この「狂」と「遊」の字が好きだった。八十歳記念の『文字遊心』は第二随筆集だが、白川は七十七歳、喜寿の祝いのときに第一随筆集『文字逍遥』（平凡社、一九八七年／平凡社ライブラリー、一九九四年）を刊行した。その『文字逍遥』の冒頭に置かれているのが「遊字論」である。この『文字逍遥』という題名には、白川が好きだった中国・戦国期の思想家、荘子の「逍遥遊」という言葉が意識されているだろう。だからこそ「遊字論」が冒頭に置かれているのではないかと、私は思う。

白川は、その「遊字論」の中で、「遊」の字について述べ、「遊ぶ」ことができるのは「神」であったと記している。「神」のみが「遊ぶ」ことができ、「人」が「遊ぶ」こともできたが、それは神とともに遊んでいるときに、人も遊ぶことができたのだ。

高橋の『遊ぶ日本　神あそぶゆえ人あそぶ』は、白川の「遊字論」を受けたようなタイトルとなっていると言っていいのではないだろうか。

白川静の一周忌の少し前に、その郷里・福井市の白川の生家跡に記念碑が建てられたが、そこに刻まれた文字も「遊」の元の字形である「斿」の字が刻まれた。刻まれた字形は白川が生前に書いていた古代文字である。

神のように自在に行動

この「遊」は「斿」と「辶」を合わせた文字。「斿」のほうは、これは甲骨文字などの古代文字を見るとわかるが、旗竿とそれにつけた吹き流し、さらにその旗竿を持つ人の形である。現在は、この字形そのものよりも、むしろ「斿」の「子」の部分を除いた「㫃《えん》」という字形で使われる場合が多い。

金文の図象《ずしょう》（文字以前のマークと考えられるもの）に、何かの盤上で人が大きな旗を持っているものがある。この図象で、人が大きな旗を持っている部分が「斿」だ。さらに「斿」に相当する図象から「子」の部分を除いた部分が、旗がなびく形で、これが「㫃」である。

このように「斿」は「㫃」と「子」とを合わせた字形だが、高橋が白川の『字統』から紹介したように、これは「遊」や「游」の元の形の文字である。

白川によると、古代中国では、自分たちの共同体を出て、外に旅するときには、自分たちの氏族の旗を持って行動した。この氏族旗には自分たちの氏族霊が宿ると考えられていたからだ。この氏族旗を奉じて出ていくこと、氏族旗をおし立てて出行することが「斿」であり、「遊」や「游」なのである。

「遊」も「游」も「あそぶ」という意味や「ゆく」という意味があるが、これは人が

「あそぶ」のではなくて、神様が「あそぶ」のだ。氏族旗「㫃」は神の霊が宿るところで、「遊」や「游」はいずれも神様が「出遊」することだった。

その「遊」は、前記したように「斿」が元の字で、それに道を行く「辶」を加えて「遊」の字が作られた。もともと神の出遊を言うことから、神のように自由に行動することを「遊」と言う。神の霊の遊行のように自在に行動し、移動することが「遊」であり、そこから人間が興《きょう》の赴くまま行動して楽しむという意味になったのである。

「斿」に「氵」が加わった「游」のほうは、水神が川渡りをすることを表していて、そこから「あそぶ」「ゆく」の意味のほかに「およぐ」という意味がある。

「氏族旗」の「旗」や「族」にも「㫃」の字形がある。「旗」の「其」は穀類をあおって殻《から》や塵《ちり》を分け除く農具「箕《み》」の元の字で、方形をした農具「箕《み》」の形から、「其」を含む文字の多くに共通して「四角形」の意味がある。たとえば「将棋」の「棋」は四角形の将棋盤を意味する。「旗」の「其」は四角形の旗のことで、その四角形の旗は「軍旗」のことである。

古代中国では「矢」を折るしぐさが「誓う」ことだったので、「矢」は「ちかう」とも

㫃［甲骨文］

斿［甲骨文］

遊［金文］

游［金文］

折［金文］

誓［金文］

族［甲骨文］

旅［甲骨文］

読む。「誓」の中に「折」の字形が入っているのは、このためである。「氏族旗」の下に氏族が集まり、その「旗」の下で「矢」を折るしぐさをして氏族の一員であることを誓う文字が「族」という文字である。

　このように「斿」は氏族の旗を立てて、外に旅することを示す字だが、その旅をする「旅」にも「㫃」がある。「㫃」に「从《じゅう》」を加えてできた字が「旅」である。古代文字を見ればよくわかるが、この「从」の部分は左向きの人が二人並ぶ文字で、「従」（從）という字の元の形である。「旅」の場合、「从」は多くの「人」という意味。つまり「斿」が旗の下に一人の人がいる形だとしたら、「旅」は多くの「人」がいるわけで、「旅」の文字は「斿」の複数形だ。

　だから「旅」とは「旗」を掲げて、多くの人が他に出行する意味の文字。ただし現在の「旅行」ではなく、「軍行」の集団の意味である。現在でも軍隊の構成単位に「旅団」があるが、この「旅行」も、その「旅」に通じる軍旅・軍隊のことだ。

　以上のように「遊」という字は、旗を持つ人（斿）が、道路を行く（辶）という形だが、その旗は氏族神の霊の宿るところだった。そして神は、その旗についた吹き流しの部分に宿っていたのである。神様はふだんは隠れているが、あるとき、その隠れている神が「出遊」してくるのである。

藝に遊ぶ

この「遊」という字を日本では「あそぶ」と訓読みしたのだが、「遊字論」の中で白川静は「極めて的確なる訓詁である」と述べている。「わが国では神の遊びがやがて貴人の行為の上にも移されて、「遊ばす」という語は遊猟や音楽など、神人の相交会するときのみでなく、その行為の全般に及んで用いられ、のちには敬語的な助動詞として一般化された。それがもと神々との交通の方法を意味するものであったからであろう」と言う。

つまり、日本語の「あそび」も神様が遊ぶ「神遊び」の意味であり、「遊ばす」は、音楽、遊猟の際の神人合一を表すもの、神との交通・交感を表す意味だったが、それが、貴人の行為の上にも移されて、「あそばす」という敬語的な言葉として一般化されていったのだ。

『論語』の「述而篇」に「道に志し、徳に據《よ》り、仁に依り、藝に遊ぶ」という言葉があって、白川はこの「藝に遊ぶ」という言葉がとても好きだった。「道に志し、徳に據り」では、まだ目的意識に固執していて、規範に拘束されている。「仁に依る」でも、自我意識は持たないにしても、なお他に待つことのあるということだ。白川は『中国古代の文化』（講談社学術文庫、一九七九年）の中で、人が「もっとも至純な状態、神に近い状態にあるとき、はじめて「藝に遊ぶ」ということができるのであろう。それは「遊」が、本来は神のありかたをいう語であったからである」と書いている。

高橋は『遊ぶ日本　神あそぶゆえ人あそぶ』で「現代、かつて神または神神のいた位置にいるのは人間だ。人間は自分こそが「ある」と主張し、わがもの顔にさまざまなことを「する」。神または神神に代わって「する」のだから、人間の行為は「あそぶ」に近づいてよさそうなものだが、まことは「あそぶ」からおよそ遠い」と書いている（「冒頭」の「遊べ遊べ遊べ遊べ　原理1」）。高橋は、そのような考えのもとに、明治維新までの「日本の遊び」の世界について、記しているのである。

「神神は遊び、人びとは神神を演じ、神神に倣うことで神神に近づこうとした」精神が明治維新で壊され、その後はひたすら富国強兵、大戦争の時代に突入していった。「旅も、放浪も、学問も、詩歌文芸も、神神に近づくための遊びだった。遊びこそは維新が壊すまでのこの国を動かした力だった」と同書にある。

栗田勇が触発された「狂」。高橋睦郎が本のタイトルにした「遊」。その二字を白川はたいへん好きだった。この「狂」も「遊」も、規範から踏み出て、移動していく感覚に満ちている。白川は「狂」と「遊」にある自由でダイナミックな感覚を深く愛していたのだろう。

石牟礼道子『不知火』と「夔」

現在の漢字ブームの震源地ともなった『文字講話』という白川静の連続講演がある。一九九九年から二〇〇四年まで、白川静が住んでいた京都で年四回、計二十回開催され、好評ゆえに、二〇〇四年から一年間、四回の『続 文字講話』が催された。それらはすべて活字化されて、平凡社から刊行されているが、再開された『続 文字講話』の第一話「甲骨文について」の中で、白川静がこんなことを話した。それは古代中国の神様「夔《き》」についての話であった。

最近、石牟礼道子さんの能で『不知火《しらぬひ》』というのがありまして、東京でも、熊本でも上演され、新作能としては私は非常に傑出した能であろうと思います。私は何回か招待されたけれども、京都から出るわけにはいきませんので、DVDを送っていただき、家で見ているのです。その一番最後にこの夔が出てまいります。万霊すべて滅び去ったあとに、新たに生をうけて蘇る、新しい若い男女が、その悦びを舞い踊るというき、最後にこの夔が出てきます。これは音楽の祖先神、楽祖とされているもので、多分私の書物で読まれたのであろうかと思います。

二〇〇四年十月十日、国立京都国際会館で、これを聴きながら、私は非常に驚いた。六年間にも及ぶ『文字講話』『続 文字講話』の中でも、現代作家の名前を挙げて白川が話すのは非常に異例のことだった。しかも、自分の著作との関係について語り、三千年前の話の中に、現代の石牟礼の新作能の話が出てきて、非常に傑出した新作能だと白川が述べたのだ。

このことが私の中に強く印象に残り、白川の死の翌年の二〇〇七年春、この新作能『不知火』と白川について話を聞くために、熊本に石牟礼を訪ねた。

非常に傑出した新作能だと白川が語ったことについて、「本当にうれしかったですね。白川先生からの最後の贈り物です」と、にこやかに石牟礼は語った。

「不知火」は、竜神の父と海霊《うなだま》の母の間に生まれた姫の名で、海の精霊。不知火には、相思相愛の弟・常若《とこわか》がいる。二人は生命界を護持する神族で、常若は陸と海に蓄積した毒を浚《さら》い、不知火は自分の体を焚《た》いて魔界を照らす。そうやって死んだ姉弟があの世で妹背（夫婦）になる。

「並のことでは、この姉弟の祝婚にはならない。一番の妖怪を連れて来ようと思っていたら、先生の『中国の神話』にある夔のことがするすると出てきた」。石牟礼は「夔」の出現について、そのように語っていた。

水俣病患者の過酷な病苦と祈りの姿を描いた『苦海浄土』。水俣病告発の書のように読まれたが、石牟礼にはルポルタージュを書いたつもりはなかったという。世評とは別に「達成感がなく、言葉に飢餓感があった」というのだ。

一足の神で、楽祖

その石牟礼と能との出合いは一九七一年暮れのようだ。水俣病は化学工業会社のチッソの熊本県水俣市にある工場が水俣湾に流した水銀汚染による公害病だが、そのチッソ東京本社での患者たちの交渉に同行して上京したときのことである。石牟礼が、患者たちと一緒に路上で座り込んでいると、低い視界の中に上のほうからときどき、言葉が下りてきた。それは政治運動にかかわる人の言葉が多かったが「水俣から来た患者たちの言葉とは非常に異質なものだった」。頭上からの言葉は「情報」のような言葉ばかりで「日本の近代は言葉からシステム化していくなあ」と、石牟礼は感じたというのだ。

そんなとき、ポケットの中に入れていた『花伝書』を読んでいると、近代よりはるか以前の世阿弥の言葉が「所々、すっと自分の中に入ってきた」。石牟礼によると、方言で話す人たちは何かを言うとき、舞台に立つような言葉で表現する。たとえば「「おー、よか役者なあ」とか言う。演劇の言葉でなら書けるかなと思ったんです。それも近代劇ではなく、お能ならば」と石牟礼は感じたようだ。

方言の言葉と、情報のような近代的な言葉。それらと白川文字学で研究された漢字の関係はどのようなものなのだろう。そんなことも石牟礼に聞いてみた。

「漢字は呼びかける文字です。三千年以上前の誕生から今日まで、絶えず漢字は使う者に呼びかけ、相互に応答が続いている。それが素晴らしい」との答えだった。

『苦海浄土』に水俣病患者の言語検査で医師が「サンビャクサンジュウサン」と言ってほしいと頼むと、患者が「サンバクサンズウサン」と答える場面がある。そんな相互の応答を通して、医師と患者との間にいたわり合うような感覚が生まれ、不思議な優しさとユーモアの気配が漂い出す。

こんな相互の応答は人間同士だけではない。「水俣の人たちは海の魚にも、空の鳥にも、道ばたの草にも呼びかける。わたしの母もそんな人でしたよ」と石牟礼は言う。この精霊的応答の世界は漢字の中に生きている。その解明者が白川だったのである。

さらに石牟礼は「祈り」というものについても語った。「「毎日毎晩、祈らなければ生きていかれんとばい」と言う患者さんが多いのです。その人たちは「チッソの人も助かるように祈ります」と言う。患者は極限の苦しみの中で、自分のためだけでなくチッソの関係者のためにも、この苦しみは二度と人間に来ないように、神に祈ると言うのです」

人間と神と祈りの関係は、そのようにあったことも漢字はよく示している。つまり漢字の体系的な成り立ちは、人間と神との祈りを通しての呼応・応答の関係を反映していて、それを解明したのが白川静の文字学なのである。だから「やっぱり、白川先生がいないのが寂しい」。石牟礼は静かに、静かに繰り返していた。

その「夔」について、白川の『字統』や『中国の神話』から、もう少し紹介しておこう。「夔」は甲骨文の中でも神として出てくるもので、いろいろな文献に出てくるが、その共通点であるのは一足の神であることと、楽祖であること。中国の神話の世界と歴史と地理風土、さらに妖怪絵巻を一緒にしたような書物『山海経《せんがいきょう》』の「大荒東経」によると、一足の怪獣であり、その声は雷《いかずち》のようで、黄帝が夔をとらえて、その皮で太鼓をつくり、雷獣の骨でたたくと、この声《ひびき》は五百里のかなたまで聞こえて、天下を驚かせたという。

『書経』の「舜典」に典楽夔の話があって「帝曰く、夔よ、女《なんぢ》に命じて樂を典《つかさど》らしむ」

夔［金文］

「夔曰く、於《ああ》、予《われ》、石を撃《う》ち石を拊《う》てば、百獸卒《ことごと》く舞ふ」とあることを『字統』の中で白川は紹介して、「一足神の夔が鼓にされたという話と、楽神夔の話との間に一脈の連なりがある」と記している。連なりとは、音楽の神とのつながりのことである。

ちなみに、平凡社ライブラリー版の『山海経』（高馬三良訳、一九九四年）の解説は、漫画家・水木しげるが書いていて、それによると、日本の山梨県東山梨郡春日居町鎮目《しずめ》の山梨岡神社（山梨郡の郡名発祥地）に、伝飛驒匠作の一本脚の奇獣の木彫が古くから伝えられ、雷除け、魔除けの神として信仰されており、その名を夔《き》の神ということが紹介されている。「その姿は「大荒東経」に全て語られたとおりで、雷神の一種らしい」と、水木しげるは書いている。さすがに、妖怪の大家らしい解説である。

李良枝の遺作長編『石の聲』

この「夔《き》」に関連して、忘れられないのは、一九九二年、三十七歳の若さで急死してしまった在日の芥川賞作家、李良枝の遺作長編『石の聲』（講談社、一九九二年）のことである。李良枝は一九八八年の雑誌『群像』十一月号に発表した「由熙《ユヒ》」で、翌年一月に第百回芥川賞を受賞。その間も、長い韓国留学生活を続けていて、一九九一年に梨花女子大大学院に通いながら、「石の聲」の執筆を始めていた。

一九九二年、日本に一時的に帰国して、この長編を書くことに専念していたが、軽い風邪と思っていた病気から、病院側の非情なる措置もあって、数日後の同年五月二十二日午前に、急性心筋炎のために亡くなってしまった。死後、「石の聲」の第一章だけが『群像』同年八月号に掲載され、同九月には未定稿も含めた単行本『石の聲』が刊行されている。

ちょうど李良枝が芥川賞作「由熙《ユヒ》」を書いた頃、韓国でソウル・オリンピックが開かれた。その直前に、ソウルで国際ペン大会が開催されて、私は勤務先の通信社文化部の文学担当だったので、一週間ほどソウルに滞在したことがある。李良枝は、そのとき、韓国人作家との通訳をしてくれて、一晩、ソウルで、彼女と酒を飲みながら話したこともあった。だから李良枝の死はショックだった。そして、もちろん『石の聲』にも目を通していたのだが、当時の私には、その題名の意味することが、正直わからなかった。その意味に気づいたのは、私が白川に直接、漢字の成り立ちについて教えてもらうようになり、自分で『字統』を読んだり、『字通』で文字を調べたりするようになってからである。

いや、それもまた違うような気がする。李良枝との縁もあり、また李良枝の妹で日韓中英の四カ国語雑誌を刊行していた田中さか江を取材したこともあったので、李良枝を偲ぶ会合にずっと出席していたのだが、あるとき、田中さか江から、李良枝の残していた書籍の一部を見せてもらったことがある。

「小山さん、お姉ちゃんも、白川静を読んでいたのよ」と言って、妹の田中さか江が、白川の『字訓』などを見せてくれた。「えっ」と驚いて、私は、一巻本の『李良枝全集』（講談社、一九九三年）に収録されている『石の聲』を急ぎ、読み直したのだ。

その『石の聲』は言語をめぐる小説である。冒頭は、こう書き出されている。

――義しさ
私は目を閉じ、瞼の裏側に自分の字体でその三文字を書きつける。ゆっくりと口の中で呟きながら瞼の裏側に、さらに文字を重ねて書きつけていく。
ただしさ、という音がまず浮かんだのだった。そのうちに、ただしさ、という言葉とその音とが、それ自体の持つ求心力と遠心力の波状に放たれる力の動きの中で、言葉自体が自ら当てはまる漢字を捜し出し、義しさ、という文字となって浮かんできた。けれども、この不完全な感じはどこから来るのだろう。危ういような、そして少しでもこの言葉の持つ世界に身を置けば、自分が跳ね返されてしまうような、怯えとも言っていい不安な感情がまといついてくる。

主人公は韓国留学中の在日韓国人青年で、詩を書いている彼は、日本語と韓国語という二つの言語の中に生きている。そのように、私も読んできたが、李良枝が白川静を読んでいたということから考えていくと、『石の聲』というタイトルに託された意味は、さらに多重な意味を含んでいたのではないかと思えてきたのである。

石をうって舞い踊る

「聲」が、新字の「声」ではなく、わざわざ旧字の「聲」で記されているわけだが、刊行されたものを読んでみれば、他の文字が旧字で書かれているわけではない。この「こえ」を「声」ではなく、「聲」と書きたい理由があったはずである。

「聲」は『字統』によると、「殸《けい》」と「耳」を合わせた文字。「殸」は「声」と「殳」を合わせた文字だが、その「声」は「磬石《けいせき》」（楽器）の象形で、「殳」は何かを「うつ」意味の文字。つまり「殸」は、楽器の「磬石」を鼓《う》つ形の文字だ。そして「耳にその音を聴く意をもって、声を示した」のである。

そして『字統』の「磬」の項にも、その最初の形は「声」であり、磬石をつりさげた象

聲〔甲骨文〕

磬〔甲骨文〕

形文字であることが記されている。そのつりさげた「声」（磬石）を撃ち鳴らす形が「殸」で、さらに「石」を加えて、「磬」の文字が作られたのである。

この「磬」の項には、石牟礼道子の新作能『不知火』に登場する「夔」のところでも紹介した『書経』の「舜典」の夔のことにふれて、「於《ああ》、予《われ》、石を撃《う》ち石を拊《う》てば、百獣率《ことごと》く舞ふ」とあること、さらに『詩経』の「商頌《しょうしょう》、那」には「既に和し、且つ平らかにして、我が磬聲に依る」とあって、「磬」は神人相和する楽器とされていることが書かれている。

李良枝の『石の聲』には「加奈」という日本で生まれ育った韓国人で、韓国の古典舞踊を習いに、ソウルに来ている女性が出てくる。その加奈が「音で踊るのではないの。音を踊るのよ」ということを言う。その言葉が主人公の青年を「はっとさせた」と李良枝は書いている。さらに「音の根と、言葉の根が、混じり合うときに出合いたい……。生の根に行き着く行程が、今のこの瞬間に隠されているなら教えてほしい」という主人公の思いも記されている。その直後に「義しさ、という言葉の意味とその実感をすぐにでも摑めそうな瞬間が、波のように寄せては引いて行った」とあるのである。

李良枝は小説を書くとともに、韓国の巫俗舞踊の世界を追究していた。李良枝によると「巫俗とは、司祭者である巫堂《ムーダン》が、歌舞によって神と交霊し、厄災の除去と寿福の招来を願う韓国の土俗信仰であり、東北、中央アジアの一帯に広がるシャーマニズムの一類型」である。李良枝はそのような関心から、白川の文字学に興味を持ったのだろうか。

『石の聲』の冒頭の文章にも「言葉自体が自ら当てはまる漢字を捜し出し、義しさ、という文字となって浮かんできた」とあるし、他のところにも「漢字が浮かばないのだ」「漢字で書けないのだ」という言葉が記されている。李良枝にとって、日本語と韓国語の二つの言語の中に生きていることは、より強く「漢字」を意識する中に生きることでもあったのだろう。

『石の聲』は未完に終わった小説だし、ほんの一部しか作品の姿が見えないが、白川静が解明した漢字という文字の姿を通して、その遺作の題名『石の聲』を見てみると、「夔」が「於《ああ》、予《われ》、石を撃《う》ち石を拊《う》てば、百獣率《ことごと》く舞ふ」と言ったように、楽神が石をうって舞い踊る「石の聲」が聞こえてきそうな気がする。この『石の聲』の題には、音楽を通して神人相和すような瞬間を言葉によって摑み取りたい、という李良枝の希望が託されていたのではないかと思えるのである。

辻原登「「人類」はファンタジー」

辻原登は、二〇一五年九月二十日に白山麓僻村塾（石川県白山市）で「「人類」はファンタジー——白川静、文字と文学の世界」という講演をしている。

他の文学者たちが、白川が解明した漢字の体系的な成り立ちに興味を抱いているのに対して、辻原は日本語と漢字の出合い、それから日本語が漢字をどのようにして取り込んでいったのか、なぜそれは可能だったのかという日本語の発生、日本文学の発生のようなところに関心を抱きながら、白川の仕事を語っている作家である。

どのような気持ちで、白川の仕事を読んでいるのかを辻原登に聞いてみた。ちょうど、その日も白山麓僻村塾で話して帰京したばかりだという辻原は「日本語という、声の言葉を、漢字という文字を使って表記すること。音訓併用し、片仮名、平仮名を使い表記していく、それがどういうふうにして生まれてきたのかということにずいぶん前から、興味があったんです」と話し出した。

「その声の言葉と文字との出合いというのは、人類史から言えば、ごく最近なんですよね。文字というのは単に声の言葉の記号ではないんです。ぜんぜん別な方向から来ているんですよ。その出合いの瞬間に、小説家として非常に興味があった」という。さらに「白川静は、まさにそれを言っているわけですが、文字というのは、天（神）との交信ですよね」と加えた。

この章の宮城谷昌光や栗田勇の仕事と白川静の文字学の関係を紹介したところでも少し述べたが、白川によると、今、われわれが使用している漢字のルーツは約三千三百年前に誕生した甲骨文字である。甲骨文字が生まれたのは、古代中国の殷王朝の王である武丁《ぶてい》の時代。武丁の時代に、殷は初めて天下を統一する。その頃に、いっぺんに四千数百もの文字が生まれてきた。

そして、王は卜《うらな》いを通して、神と交信ができる者として、自分の権力を形成していた神聖王だった。つまり甲骨文字という文字は、王が神と交信するための道具として生まれたのだ。

甲骨文字が刻まれた亀の甲羅や獣骨のほとんどに赤い色が塗り込まれている。重要な卜いを刻した甲骨文字には、硫化水銀の「朱」が塗られている。退色しない「朱」の赤は、生命の色、不死の色で、それを加えた文字で記録することによって、王の卜いの神聖性を保持する目的があったと白川静は考えている。

そのようにして、漢字は強大な権力者・絶対的な神聖君主によって、いっぺんに生まれてきたのである。ヒエログリフという象形文字を生み出した古代エジプトも同様だが、文字が生まれるには「大王」と呼ばれるような絶対的な神聖君主の存在が必要だった。一方で、日本では文字は生まれず、漢字を輸入し、それを音訓読みし、片仮名、平仮名を発明して、日本語を自在に記していった。日本に文字が生まれなかったことについて、それは「日本には大王がいなかったから」（「書の本質を探る」『回思九十年』）だと、白川は考えていた。

辻原は、その日本語の声の言葉と、その後の漢字との出合いによる文字の言葉について、次のように話した。

「まず人間の声の言葉による、声の文節化と外界の文節化が、いつ頃から起きてくるか。それははっきりとはわからないけれど、おそらく数万年前に、人類は声の言葉を体系化して、文節化した。でも文字というのは、ずっと後ですよね。中国でも、声と文字が出合うのは、ずっと後です。そして、日本語は、声の言葉はあったけれど、でも文字としては、出来上がった漢字と漢語の体系と西暦二、三〇〇年、あるいは四〇〇年頃に出合っているわけです。

まず万葉仮名を使って、声を残そうとしたわけです。そして、今度は漢字には意味があることに気がついて、意味を使って、表記する方法を考案して、表記していくわけですよね。古代の日本人が、漢字というものが、音と意味を記号化して、漢語の体系が出来上がっていることに気がつくのは、中国語を勉強してわかるわけです。そういうところの出合いが、僕にはすごく興味がある。どうやって出合い、どうやって漢字を取り込むことが可能だったのか。片仮名や平仮名の発明とか。そういうことを他の言語はやっていないです。知的営みの、そのルーツが、想像力をかき立てるというか。白川静への関心もその点ですね」

歌を残したい

白山麓僻村塾での講演では、古代日本人が、どうして漢字を使って、書きたいと思ったのかと自問して、「これは、私の想像なんですけど、歌ですね。それしかないんです」と話している。

「日本は昔から歌の国って言われています。『古今和歌集』の紀貫之の序文にもありますが、歌こそすべてのものの力の源泉である、と。人と人との争い、国と国との争い、男女の争い、そういうものも全部歌の力によって、なだめることができる。歌に基本がある」と、辻原は言う。

つまり「当時は文字がないわけですから、みんな記憶で歌を伝えていたわけです。もし、言語に漢語を全部採用していたら、歌は残っていないです。全部漢詩に翻訳されて残っている。歌というのは、声の力です。言霊《ことだま》です。言霊というのは声です。神々は声に宿る。この声をなんとか残したい、歌を残したいと思ったときに、「よし、なんとか日本語でこの歌を残せる方法を考えようじゃないか」と思う。そのときに、漢字の音に気がつく。この音だけ使ったら、とにかく歌も完璧でないけれど、声を残すことができるだろう。それが始まり。万葉仮名の始まりです」と、辻原は話している。

そうやって、漢字・仮名交じり、音訓併用のわれわれの日本語を書くシステム、読むシステムが出来上がったわけだが、これは声の言葉と文字との出合いに匹敵する神秘。かつて三千年前に、中国で、声の言葉と文字が出合って書かれて、それよりずっと後だが、今度は文字のない日本に漢字という文字が入ってきて出合う。これもやっぱり声の言葉と文字との出合いなのだが、そこで、われわれの日本語、われわれが読み書きしている音訓併用の日本語が作られて、今に至っているということに、日本語の神秘や魅力を辻原は感じているようだ。

そして、これは白川静が漢字の字源字書『字統』を書いた後、次に国語の語源字書『字訓』を書いて、漢字が国字として日本語の中に定着していく過程と根拠を追究した思考と同じ興味である。

このように、中国語を学んだ古代の日本人が漢字の音で表記しようとし、さらに漢字に意味があることを知って、音訓読みを取り入れ、片仮名・平仮名を発明していく過程に興味があると辻原は言う。辻原も小説家になる前、中国語を学び、中国関係の貿易会社で働いていた経験があり、芥川賞作『村の名前』も中国の奥地を舞台にした小説である。きっと日本と中国の関係を考えてきた小説家としての関心も反映した白川静の文字学への興味だろう。

すごく想像力をかき立てられる

「白川静さんは、中国人もなしえなかった漢字の体系的な成り立ちを明らかにした人と言われているわけですが、どうして日本人の白川静さんが、そのようなことができたのですか？」という質問を、白川に私がしたことがある。

それに対して白川は、「中国には、民俗学というものがあまりはっきりしたものとしてはない。日本には折口信夫や柳田國男の民俗学の仕事があって、たくさん読みました」と話していた。

そのことを辻原登に伝えると、「そうですね。僕の場合も、折口信夫や柳田國男を読むような感じが、白川静にはあります。折口信夫的想像力がないと、捉えられない世界ですよ。事実かどうかではなく、一種の真実をつかまえるというやり方かな。白川静の考えたことは、想像力を駆使しないと、あれは出てきません。書けませんよ。ほんとうに想像力の世界ですよ。作家として、すごく想像力をかき立てられるんです」という答えが返ってきた。

白川は小学校を出ると働きに出て、夜学の中学で学ぶなどしながら、次第に自分の世界を築いていった人。辻原は大阪教育大学附属高等学校を卒業して、文化学院文科を卒業した。大学には進まなかった人である。そんな経歴から、白川に寄せる思いがあるかどうかを辻原に聞いてみた。つまり白川の仕事にも惹かれるが、白川がそういう人生を生きた人であるところにも惹かれるかを質問してみた。

「惹かれます。惹かれます。惹かれます」と辻原は三回も繰り返した後、「僕の中に、高校生以来、独学者志願というものがあって、白川静の、その独学者という面に、惹かれる部分が、確かにありますね」とのことだった。

辻原登は福井県立図書館内にある「白川文字学の室《へや》」を訪れるなど、白川静への関心を深めているようだが、まだ白川静の仕事を反映した小説は書いていないという。「書くとしたら、まず、短編かな」とのことだった。

村上春樹『アフターダーク』「今でも耳は切るのかい?」

さて、そしてもう一人、作品の中に、私が白川静の文字学研究の反映があるのではないかと思っている小説家がいる。それは村上春樹である。

村上の小説の中に、そのままでは意味が受け取りがたい部分が出てくるのだが、白川静が解明した漢字の世界を知っていると、その部分の意味が明瞭に伝わってくるように感じられるのである。

たとえば、『アフターダーク』(講談社、二〇〇四年)に、こんな会話がある。

「今でも耳は切るのかい?」

男は唇を微かにゆがめる。「命はひとつしかない。耳は二つある」

「そうかもしれないけどさ、ひとつなくなると眼鏡がかけられなくなる」

「不便だ」と男は言う。

『アフターダーク』は主人公マリの姉エリが家で二カ月も眠り続けているので、いたたまれなくなったマリが家を出て、深夜の都会をさまよう物語だ。マリは中国語を学ぶ学生。そして、東京の渋谷らしき場所にあるラブホテルで、中国人の娼婦が日本人の客から暴行を受けるという事件が起きる。そしてマリは、暴行を受けた中国人娼婦の通訳のようなことをすることになるのだ。

逃走した暴行犯を探して、中国人の組織の男が大型バイクに乗り、ラブホテル周辺にやって来る。そして、暴行のあったラブホテルのマネージャーの「カオル」という女性が、その中国人の男と交わす言葉が、紹介した会話のやりとりである。ラブホテルの防犯カメラに写っていた暴行犯の男の写真があるよ、とカオルが電話をしたので、中国人の組織の男がバイクに乗って、写真を受け取りに来たのだ。

耳が「ひとつなくなると眼鏡がかけられなくなる」だなんて、ちょっと、ユーモラスな会話もあって、いかにも村上春樹らしい表現なのだが、その前の「今でも耳は切るのかい?」は、少し意味を受け取りがたい部分ではないだろうか?

でもカオルと中国人の組織の男は、明らかに、その意味がわかりあって話しているのである。こういう会話が、村上春樹作品にはときどきある。

この会話は「取」という漢字をめぐる話である。「取」は「馘耳《かくじ》」と呼ばれる行為を反映した文字だ。「取」は「耳」と「又」を合わせた文字。「又」は古代文字を見てみればわかるが、「手」のことである。「耳」に、その「手」を加えた「取」は白川静の漢字学によれば「死者の耳を、手で切り取っている」文字なのである。

戦争の際、討ち取った敵の遺体をひとつひとつ運ぶのはたいへんな労力なので、ひとつの決め事、約束事として、敵の遺体の左耳を切り取り、その数で戦功を数えたのだ。その行為が「聝耳」だ。「馘首《かくしゅ》」は「首を切る」ことだが、耳を切ることを「聝耳」と言う。戦場で多くの耳を取る人がいたのだろう。「取」は後にすべてのものを「とる」意味となった。

「今でも耳は切るのかい？」というカオルの言葉は、この「聝耳」について、中国人に聞いているのだ。すると中国人組織の男は「命はひとつしかない。耳は二つある」と答えている。彼も、左耳だけを切り取る「聝耳」を前提に答えている。左耳だけを切るのは、両方の耳を切り取ったら、討ち取った敵の人数が倍になってしまうからだ。そういう文化を前提にした会話である。

ちなみに「最」にも「取」が含まれているが、この「最」の上部の「曰」は、頭巾や袋のことで、「最」の古代の文字では袋（頭巾）のようなものが「取」の字形を覆っている。

耳［甲骨文］

取［甲骨文］

最［篆文］

戦場で「耳」をたくさん取りすぎて袋に入れて持っていたのだろう。最も多くの耳を集めた、その者を「最」と言った。あまり良い言葉ではないが、「最」は「最高殊勲戦士」のことである。

村上は自作について、自己解説をほとんどしない人で、〝作品の読みは読者が自由にしてください〟という非常に珍しい作家である。そのため、私の読みが、すべてを確定するわけではないが、でもこのカオルと中国人組織の男の会話は「聝耳」をめぐるやりとりであることは間違いないだろう。

つまり「今でも耳は切るのかい?」というカオルの言葉は「今でも戦争をするのかい?」「でも命は一つしかないよ!」という意味に、私には受け取れるのだ。

犯人は白川

さらに、考え込んでしまうことが、この『アフターダーク』には記されている。

中国人娼婦に暴行する男性の名字が「白川」というのである。

白川静が偉大な学者であり、たいへんな人格者であることは、私もよく承知している。だから「白川」が悪人の名前としてつけられているのはおかしいと思う人もいるだろう。

しかし、長く文学担当をしてきた記者からすれば、小説家というものはそういうことをよくやる人たちだし、村上も、そのように敢えて価値を反転させて記したり、名づけたりすることがあり得る作家だと、私は思っている。つまり「白川」が中国人娼婦にひどい暴行を加えたからといって、白川静と無関係であるとは言えないのだ。

　カオルは、中国人の男に犯人（白川）の顔写真を渡しながら言う。

「この近辺の会社で働いているサラリーマンらしい。夜中に仕事をすることが多くて、前にもここに女を呼んだことがあるみたいだ。おたくの常連かもな」

「おたくの常連」とは「中国の常連」ということだろう。そして、作中での白川は、同僚たちが帰ってしまった後のオフィスで「彼の机のある部分だけを、蛍光灯の光が天井から照らしている」中、一人だけ残って仕事をしているのである。

高橋和巳とS教授

　一人、職場に残って、仕事をすることとは、白川静もそうだった。

『孔子伝』（中公文庫）の解説で加地伸行氏が記し、今やウィキペディアの白川静の項の「逸話」にも記されている有名な話だが、作家で中国文学者の高橋和巳が、その死の直前の一九七一年三月に刊行した『わが解体』の中で、大学紛争時代の立命館大学で、夜遅くまで研究を続ける白川について書いた部分がある。それを引用してみよう。

立命館大学で中国学を研究されるS教授の研究室は、京都大学と紛争の期間をほぼ等しくする立命館大学の紛争の全期間中、全学封鎖の際も、研究室のある建物の一時的封鎖の際も、それまでと全く同様、午後十一時まで煌煌と電気がついていて、地味な研究に励まれ続けていると聞く。団交ののちの疲れにも研究室にもどり、ある事件があってS教授が学生に鉄パイプで頭を殴られた翌日も、やはり研究室には夜おそくまで蛍光がともった。内ゲバの予想に、対立する学生たちが深夜の校庭に陣取るとき、学生たちにはそのたった一つの部屋の窓明りが気になって仕方がない。その教授はもともと多弁の人ではなく、また学生達の諸党派のどれかに共感的な人でもない。しかし、その教授が団交の席に出席すれば、一瞬、雰囲気が変るという。無言の、しかし確かに存在する学問の威厳を学生が感じてしまうからだ。

たった一人の偉丈夫の存在が、その大学の、いや少くともその学部の抗争の思想的次元を上におしあげるということもありうる。

そのように高橋和巳はＳ教授（白川静）のことを書いている。高橋が立命館大学の講師として採用されるときに、四人の候補者のなかから高橋を選抜したのが白川だった。高橋の書いた「六朝期の文学論」がとても優れていたので、白川が高橋を選んだのだ。白川は高橋の中国文学者としての才能を亡くなった後も高く評価していた。高橋も白川を深く尊敬していた。そんな関係がよくわかる『わが解体』の文章なのである。

ああ、中華料理。いつも同じだよ

ともかく、『アフターダーク』の「白川」は同僚たちが帰ってしまった後のオフィスで彼の机を「蛍光灯の光が天井から照らしている」中、一人だけ残って仕事をしている人物である。そして立命館大学教授時代の「白川静」は大学紛争で全学封鎖の際も「研究室には夜おそくまで蛍光がともった」中で、地味な研究に一人励んでいた人である。

そしてさらに考え込んでしまうのは、『アフターダーク』には、主人公マリと知り合いとなる「高橋」という青年が登場することである。

同作の中で、名字が記されているのは、たった二人だけで、それが「白川」と「高橋」。しかも「白川」と「高橋」の二人が、密接な関係の中にあるように書かれているのだ。二人とも牛乳を買う男として作中にあって、「白川」はコンビニで「タカナシのローファット牛乳」を買っているし、「高橋」も同じコンビニで「牛乳のパックを手に取って」買っている。牛乳は彼の生活にとって特別な意味を持つ食品なのだ。さらに「白川」が中国人娼婦から奪った携帯電話をコンビニの棚に捨てるのだが、「高橋」がコンビニにやって来たときに、その携帯電話が鳴り、「もしもし」と「高橋」がその電話に出るという展開になっている。

そのように、二人は明らかに関係性を持っているように、作中、描かれているのである。こうなると、私には「白川」と「高橋」は、「白川静」と「高橋和巳」のことではないかと思えてならないのである。

でも疑り深い人もいるだろうし、それも当然なことかもしれないので、もう少し加えてみよう。

『アフターダーク』の中で村上が、この「白川」という男と中国人との関係を意識的に記述していると思われる場面があるので、その部分を紹介してみよう。

「白川」が、まだ一人で職場にいるときに自宅の妻から電話がかかってくる場面があって、妻は「夜食に何を食べたのか」を聞く。すると「白川」は「ああ、中華料理。いつも同じだよ」と答えている。村上春樹の中華料理嫌いやラーメン嫌いは有名で、作中の人物が初めてラーメンを食べる場面が書かれただけでも、ファンの間で話題になったほどである。その村上作品に登場してきて、〝中華料理をいつも食べている白川〟という人物は、私には〝中国の文字をいつも研究している白川静〟であると受け取れてしかたがない。

「白川」は午前四時ぐらいまで、仕事をしてタクシーで「哲学堂」にある自宅に帰る。白川の乗ったタクシーがしばらく進んだところで、赤信号で停車すると、その隣に、例のバイクに乗った中国人組織の男が停車する。

タクシーの隣で、中国人の男の乗った黒いホンダのバイクがやはり信号待ちをしている。二人の間はわずか一メートルほどの距離しかない。しかしバイクの男は、まっすぐ前を見ており、白川には気づかない。白川はシートの中に深く沈み込んで、目を閉じている。

このとき、「白川」は漢字の母国・中国の男と、わずか一メートルほどの至近距離にいる人として描かれているのだ。

その「白川」の自宅は「哲学堂」にある。「哲学堂」とは妖怪、お化け研究で知られる井上円了が孔子と釈迦、ソクラテスとカントを「四聖」として祭った場所だ。『孔子伝』は白川の代表作のひとつである。そして『孔子伝』の文庫本あとがきなどによれば、立命館大学の学園紛争が激しかったなかで、白川が書き続けていたのが『孔子伝』なのである。

『スプートニクの恋人』と中国の門

このように『アフターダーク』は白川静の文字学との関係を強く感じさせる小説であるが、その『アフターダーク』より、さらにはっきりと中国の文化について、村上春樹が書いている部分が『スプートニクの恋人』（講談社、一九九九年／講談社文庫、二〇〇一年）にある。それを紹介してみよう。

「昔の中国の都市には、高い城壁がはりめぐらされていて、城壁にはいくつかの大きな立派な門があった」ということを、この長編の語り手である「ぼく」が「すみれ」に語る場面がある。「すみれ」は職業的作家になることを目指している女性。その「すみれ」に「ぼく」は恋をしている。

「門は重要な意味を持つものとして考えられていた。人が出たり入ったりする扉というだけではなく、そこには街の魂のようなものが宿っていると信じられていたんだ」「昔の中国の人たちがどうやって街の門を作ったか知ってる?」

そう「ぼく」が話すと、「知らない」と、すみれが言う。

「人々は荷車を引いて古戦場に行き、そこに散らばったり埋もれたりしている白骨を集められるだけ集めてきた。歴史のある国だから古戦場には不自由しない。そして町の入り口に、それらの骨を塗り込んだとても大きな門を作った。慰霊をすることによって、死んだ戦士たちが自分たちの町をまもってくれるように望んだからだ。でもね、それだけじゃ足りないんだ。門が出来上がると、彼らは生きている犬を何匹か連れてきて、その喉を短剣で切った。そしてそのまだ温かい血を門にかけた。ひからびた骨と新しい血が混じりあい、そこではじめて古い魂は呪術的な力を身につけることになる。そう考えたんだ」

これは白川静の文字学で言うと、「京」と「就」という文字に表れている古代中国の思想である。宮城谷昌光『天空の舟　小説・伊尹伝』の中で、商の首邑（都）が「亳《はく》」と呼ばれることを紹介したところでも「京」の字形について説明したが、この「京」はアーチ状の門の形で、上に望楼などが設けてある門をそのまま文字にした象形文字。これを軍営や都城の入り口に建てたもので「京観《けいかん》」と言う。

古代中国で、この「京観」を作るとき、戦場での敵の遺棄死体を集めて、それを塗り込んで築いたのだ。後の凱旋門にあたるものだが、そのようにすると、強い呪力があると考えられていた。

殺された「犬」の血がかけられる

「門」は人が出たり入ったりする扉というだけではなく「そこには街の魂のようなものが宿っていると信じられていたんだ」と村上は書いているが、白川も、その「京はもと聖

就［篆文］  犬［甲骨文］ 

域の門をいう字であった」と書いている。そのような門の形を表している象形文字が「京」である。

その「京」が完成するときに、いけにえの「犬」が埋められたり、殺された「犬」の血が門にかけられた。その殺された「犬」の血が「京」にかけられているのが、「就」である。「就」の右側の字形が、いけにえの「犬」を示している。その殺された「犬」の血がかけられることによって、凱旋門「京」が完成、成就するので「就」の文字ができたのだ。

そしてここで、「すみれ」に「ぼく」が語っているのは、単に城門の完成のことではなくて、物語、小説というものについてのことである。

「ひからびた骨と新しい血が混じりあい、そこではじめて古い魂は呪術的な力を身につけることになる」のだが、「小説を書くのも、それに似ている。骨をいっぱい集めてきてどんな立派な門を作っても、それだけでは生きた小説にはならない。物語というのはある意味では、この世のものではないんだ。本当の物語にはこっち側とあっち側を結びつけるための、呪術的な洗礼が必要とされる」。

そう語る「ぼく」に対して、「すみれ」は「つまり、わたしもどこかから自前の犬を一匹見つけてこなくちゃいけない、ということ？」と応えている。

さらに「ぼく」は「もちろん比喩的な意味でだよ」「ほんとに犬を殺すわけじゃない」と加えている。

これは、村上が自分の物語論を語っている部分だ。犬がいけにえとなる「犬牲」のことは、第五章でも紹介したいと思うが、白川の文字学にしばしば出てくることである。

この『スプートニクの恋人』にも、小説を成就させるには、自前の犬牲を自分の力で探し出してこなくてはいけないことが、物語の最後まで繰り返し書かれているのである。

『1Q84』と「呪術的な洗礼」

そして大作『1Q84』のBook1の最後にも、「犬」が血なまぐさく殺される場面が出てくる。『1Q84』の「青豆」は女殺し屋だが、彼女にカルト宗教集団の「リーダー」の殺害を依頼する老婦人は、男性から暴行を受けた女性たちを保護する施設・セーフハウスを持っている。

その施設の門の近くに「ブン」という名の雌のドイツ・シェパードが番犬として飼われている。このブンがある日、腹の中に強力な爆弾をしかけられて、それが爆発したかのように、ばらばらになって、肉片が四方八方に飛び散って死んでしまうのだ。

『1Q84』Book2の冒頭は、そんな「血なまぐさい」死に方をしたブンの話から始まっている。この犬の「血なまぐさい」死から、物語は、青豆がリーダーと対決し、そして青豆によるリーダーの殺害という、『1Q84』の最大の山場に突入していくのである。

『1Q84』Book1の最後とBook2の始まりは、この殺された「犬の血」がつないでいるとも言えるのだが、なぜここに、「犬」が血なまぐさく殺されなくてはならないのか。ここにも『スプートニクの恋人』の「ぼく」が言うような「こっち側とあっち側を結びつけるための、呪術的な洗礼」のようなもの、つまり、白川が言う犬牲のようなものを、私は感じるのである。

浮かぶか沈むか見てみろ

さて、『1Q84』という大長編の中にも、文字学の理解がないと、その意味するところを受け取れないような会話や描写が何カ所か出てくる。その場面をいくつか紹介してみよう。

『1Q84』の男主人公「天吾」は予備校の数学講師をしながら、小説家になることを目指している青年だ。その天吾が最初に『1Q84』に登場するのはBook1の第二章。

そこで、天吾は編集者の小松と新宿で待ち合わせている。二人は新人文学賞の応募作である『空気さなぎ』を、このままでは選考委員に読まれないので、天吾がリライトを担当して、最終選考に残す相談をしている。

その作者である「ふかえり」には「物語を語りたいという意志はたしかにある。それもかなり強い意志であるらしい」と小松が言うと、下選考を依頼されて、多くの候補作を読んできて『空気さなぎ』に「手応えらしきもの」を初めて感じたという天吾も最終候補から落とすのではなくて「チャンスを与えてやるのは悪いことじゃないでしょう」と言う。

すると小松が「水に放り込んで、浮かぶか沈むか見てみろ。そういうことか？」と言うのだ。「簡単にいえば」と天吾が応じると、小松も「俺はこれまでにずいぶん無益な殺生をしてきた。人が溺れるのをこれ以上見たくはない」と言うのである。

この天吾と小松のやりとりは、『アフターダーク』のカオルと中国人組織の男との会話と同様に、両者間では、その意味を了解しあっているが、読者の側からすると、その意味するところがわかりにくい場面だとは言えないだろうか。

小松と天吾の間では、この「水に放り込んで、浮かぶか沈むか見てみろ。そういうことか？」ということの意味内容は共有されているようだが、果たして「水に放り込んで、浮かぶか沈むか見てみろ」とは、どんなことを意味しているのか、わかりにくいのだ。

棄［甲骨文］ 

だが、この二人のやりとりに、白川静の文字学を重ねてみると、これは古代中国の殷王朝を滅ぼした周の始祖・后稷《こうしょく》の神話などをふまえた会話ではないかと思えてくるのである。后稷は隘巷《あいこう》に棄てられ、林の中に棄てられ、また氷の上に棄てられたので、その名も「棄」と名づけられた。しかし、いずれも奇瑞によって救われて生育、周王朝の始祖となったと言われている。

この后稷の名である「棄」の文字の、三千年前の甲骨文字の形を見ると、生まれたばかりの赤子を籠に入れて両手で川の流れの中に入れている姿を文字にしたものである。生まれたばかりの赤ちゃんを川に棄てているのだ。甲骨文字は、赤子の周りに水滴のようなものがついた字形で、これが川の流れのことだ。そこから「棄」が「すてる」の意味となった。

后稷の神話にある初生児流棄の俗は、中国ではしばしば行われていたようで「水に放り込んで、浮かぶか沈むか見てみろ」という天吾と小松の会話は、中国にあった、その「水《みな》占《うら》の法」について語っているのではないかと考えられる。

「兄」と「妹」

晋の張華（二三二―三〇〇年）が書いた『博物志』に「婦人妊娠して七月にして産す。水に臨みて兒を生む。便《すなは》ち水中に置き、浮くときは則ち取りてこれを養ひ、沈むときは便ちこれを棄つ」とある。そのことを白川静が『漢字の世界』（平凡社東洋文庫、一九七六年／平凡社ライブラリー、二〇〇三年）の中で紹介している。天吾と小松は、まさに、この「水占の法」の会話をしているのだろう。

「水占の法」に関係する文字は「棄」だけでない。わかりやすい漢字では「浮」もそのひとつ。「浮」の右側の字形の上部は「爪」の形で「手」の意味である。その下に「子」を加え、さらに「氵」を加えた「浮」は水中に没している「子」を上から「手」で救おうとしている形で、そこから「うく」意味となった。

「水に放り込んで、浮かぶか沈むか見てみろ」と小松が言うのは、そんな「水占の法」をめぐる会話であろう。

さらに、この『1Q84』の中で、最も重要な描写について、白川の文字学と関係して、村上が記しているのではないかと私が考えている場面があるので、それを紹介してみよう。

浮［金文］

それは天吾と、美少女作家・ふかえりが初めて会う場面。その初対面は次のように書かれている。

ふかえりという十七歳の少女を目の前にしていると、天吾はそれなりに激しい心の震えのようなものを感じた。それは最初に彼女の写真を目にしたときに感じたのと同じものだったが、実物を目の前にすると、その震えはいっそう強いものになった。恋心とか、性的な欲望とか、そういうものではない。おそらく何かが小さな隙間から入ってきて、彼の中にある空白を満たそうとしているのだ。そんな気がした。それはふかえりが作り出した空白ではない。天吾の中にもともとあったものだ。彼女がそこに特殊な光をあてて、あらためて照らし出したのだ。

私は、この場面は、天吾とふかえりが、実は「兄」と「妹」の関係にあることを述べているのではないかと考えている。「恋心とか、性的な欲望とか、そういうものではない」「天吾の中にもともとあったものだ。彼女がそこに特殊な光をあてて、あらためて照らし出したのだ」というのは、実は、二人が「兄」と「妹」だからではないかと思うのである。

天吾の最初の記憶は、彼が一歳半のときの記憶。その記憶の中で、天吾の母親は、父親以外の男と関係している。そして、その母親は天吾が生まれてほどなく病死した、と父親が話していたことや兄弟はいないことなどが作中に記されている。そして、天吾に「兄弟はいない」と書かれているが、「妹」がいないとは記されていないのだ。

母親と関係していた「若い男が、自分の生物学的な父親ではないのか、天吾はよくそう考えた」とあるし、「自分の父親ということになっている人物」とは「あらゆる点で天吾は似ていなかった」ともある。

空中にある架空の箱

そして、天吾がふかえりと初めて会った場面では、こんなことが書かれているのである。ふかえりと会った際に、天吾は強く激しい心の震えのようなものを感じる。そして「ふかえりの真っ黒な瞳が何かを映し出すように微かにきらめいた」と天吾が感じると、彼は次のような奇妙な格好をするのだ。

「天吾は両手で、空中にある架空の箱を支えるようなかっこうをした。とくに意味のない動作だったが、何かそういった架空のものが、感情を伝えるための仲立ちとして必要だった」という言葉が書かれている。

村上自身が「とくに意味のない動作だったが」と記しているほど、この天吾の格好は意

兄［甲骨文］

味をつかみ難いものだ。なぜ「とくに意味のない動作」を記さなければならないのか。

だが、意味のつかみ難い、この部分を白川が解明した文字学を通して読んでみれば、「両手で、空中にある架空の箱を支えるようなかっこう」とは「兄」という文字の姿である。「兄」という文字は「口」と「儿《じん》」を合わせた形をしている。「儿」は横から見た人間を表す形。「儿」の上にある「口」は、顔の「くち」ではなく、神様への祈りの言葉である祝詞《のりと》を入れる器「𠙵《サイ》」のこと。

「兄」の古代文字は、神様への祈りの祝詞を入れる器「𠙵《サイ》」を頭上にのせたような人の姿をしている。つまり神様への祈りの言葉を入れた器「𠙵《サイ》」を両手で捧げ持って、家の祭りをしている人を横から見た文字が「兄」なのである。家の祭りは兄弟の中で一番上の「兄」が行ったので、「兄」が「あに」の意味となったのだ。

「ふかえりの真っ黒な瞳が何かを映し出すように微かにきらめいた」と天吾が思うと、彼は白川の文字学で言う「兄」の格好で応えるのだ。

そして天吾とふかえりが「兄」と「妹」だとすれば、ふかえりの父親で、作中、青豆に殺されるリーダー（深田保）が、天吾の実の父親であるということになる。

天吾が、ふかえりの育ての親である「戎野先生」を訪ねた場面で、戎野先生がふかえりの父親である深田保のことを天吾に説明する。そこで、深田保（リーダー）について「身体も大きい。そうだな、ちょうど君くらいの体格だ」と戎野先生は話している。

天吾は自分の父親ということになっている人とは、あらゆる点で似ていない。天吾は背が高く、がっしりした体格。父親という人はずんぐりとして背も低かった。顔のつくりも「ほとんど対照的と言ってもいいくらいに違う」のだった。でも、ふかえりの父親は「ちょうど君くらいの体格」なのである。天吾とふかえりが「兄」と「妹」であるならば、そのことはよくわかる。そして、天吾とふかえりが「兄」と「妹」であるとすれば、この『1Q84』の中の多くの謎のような部分が理解できるのである。

〈声を聴くもの〉

さらに『1Q84』で、青豆がカルト宗教集団のリーダーとホテルの一室で対決して、殺害する場面にも、白川の文字学に関係しているのではないかと思われる会話が記されているので、それをこの章の最後に紹介してみよう。

この対決、殺害の場面は『1Q84』の中心部で、Book2の第七章から始まって、九章、十一章、十三章、十五章と計五章にもわたっている。

リーダーが青豆に、イギリスの人類学者・フレーザーの代表作である『金枝篇』を読んだことがあるかを問う。その『金枝篇』について、リーダーは「興味深い本だ。それは様々な事実を我々に教えてくれる。歴史のある時期、ずっと古代の頃だが、世界のいくつもの地域において、王は任期が終了すれば殺されるものと決まっていた。任期は十年から十二年くらいのものだ。任期が終了すると人々がやってきて、彼を惨殺した。それが共同体にとって必要とされたし、王も進んでそれを受け入れた。その殺し方は無惨で血なまぐさいものでなくてはならなかった。またそのように殺されることが、王たるものに与えられる大きな名誉だった」と語る。

「あなたは王になった」のかと青豆がリーダーに問うと、「王ではない。〈声を聴くもの〉になったのだ」とリーダーが答える。

続いて〈声を聴くもの〉のことが、さらに記されている。リーダーは「どうして王は殺されなくてはならなかったか？　その時代にあっては王とは、人々の代表として〈声を聴くもの〉であったからだ。そのような者たちは進んで彼らと我々を結ぶ回路となった」と話すのだ。

そして、白川静の『中国古代の文化』の中に「殺される王」という項があって、そこで、やはりフレーザー『金枝篇』を引用して、古代の王たちが呪術師であり、最後には犠牲として殺される運命にあるものだったことを白川静が述べている。ここにも村上作品と白川の文字学が響き合うものを感じるのだ。

白川は、ある系統の王によって治められていた南太平洋の珊瑚島では、その王は同時に大司祭であり、食物を増殖させると信じられていたので、飢饉が来ると民衆が怒って王を殺してしまい、次々に殺害されるので、ついに誰も王の位に即くことを欲しなくなって、王朝が没落してしまった例とか、朝鮮では作物が実らぬ場合は、王は譴責され、位から退けられたり、殺されたりしたことを『金枝篇』から紹介している。

これまでも何度か述べてきたように、白川によれば、古代中国では、王は神に仕える巫祝（聖職者）だった。神と交信・交通ができる者として、権力を形成している巫祝たちの長として存在していたのだ。占いで、神と交信して、神の声を聴き、その聴いた神の声を記録するために生まれた道具が、後に漢字と呼ばれる文字だ。だから「王」はまさに〈声を聴くもの〉だったのだ。

耳を澄ませて、神のお告げを聴く

『1Q84』で青豆がリーダーのいるホテルの部屋に入る前、リーダーについている者が「あなたがこれから足を踏み入れようとしているのは、いうなれば聖域のようなところ

聖［金文］ 

なのです」と言う。「これからあなたが目になさるものは、そして手に触れることになるものは、神聖なものなのです」とも。

その「聖域」「神聖」の「聖」こそが、神の〈声を聴くもの〉という文字である。この「聖」の「耳」の右にあるのは、「兄」の文字の上部と同じように、神様への祈りの言葉である祝詞を入れる器「𠙵《サイ》」だ。下は「つま先で立つ人を横から見た姿」の字形。神に祈り、つま先立ちで、耳を澄ませて、神のお告げを聴いている人の姿を文字にしたものが「聖」。つまり、これは神の〈声を聴くもの〉を文字にしたものなのである。

宮城谷昌光の『天空の舟 小説・伊尹伝』にも「神の声を聴きとれること」が聖職者であることが出てきたが、この〈声を聴くもの〉の「聴」にも「耳」がある。「聴」もまた〈声を聴くもの〉の文字である。その旧字「聽」の左部分は「耳」と、「聖」の下部にある、つま先で立つ人の姿を合わせた形。それに、「徳」の旧字「德」の右部分を合わせた文字が「聴」という文字で、この「聴」は神のお告げを聴いて、理解できる聡明な人の「徳」のことを表した漢字である。

白川の文字学を知って、『1Q84』のリーダーと青豆の対決の場面を読んでいくと、

〈声を聴くもの〉つまり「古代の王」の在り方について、リーダーが青豆に語りかけているように、私には感じられてならないのだ。

村上春樹自身は自作について、黙して語らないが、村上作品が白川静の文字学と響き合ってくる場面はこのようにたくさんある。そして、村上作品の中で、意味することが非常に受け取りにくい言葉の横に、白川静が解明した漢字の成り立ちの世界を置いてみると、その意味が明瞭に伝わってくるような場面が多いことは事実なのである。

第二章　白川静『字統』と諸橋轍次『広漢和辞典』

私は白川静に直接、文字学の基礎の基礎を教えてもらいながら、二〇〇三年から始めた「白川静さんに学ぶ 漢字は楽しい」の連載を皮切りに、二〇〇六年、九十六歳で白川が亡くなった後も、小学校で学ぶ教育漢字を白川文字学で捉え直す「漢字物語――白川静文字学入門」の連載、さらに白川の日本語の語源研究を考える「国語は生きている 白川静『字訓』を読む」の連載など、十年以上にわたって、白川静の研究を、新聞の読者に紹介してきた。

特に「漢字物語――白川静文字学入門」は、二〇〇八年から二〇一四年まで、六年間、三百回にわたっての連載だった。毎週、勤務先の調査部にある大きな漢和辞典を並べて、紹介する文字を各辞典がどのように記しているかを横に見ながら、白川の『字統』『字通』や『常用字解』を読んで書いていった。これは、関連する四つの漢字を挙げて、それらがどのように体系的に結びついているかを白川文字学に基づき具体的に解説したものだが、この仕事を通して、白川が解明した漢字の世界が、いかに体系的に成り立っているかを、さらによく知ることができた。この章では、白川が解明した漢字の世界の体系的な成り立ちを、他の辞典と比較しながら、わかりやすく、具体的に紹介したいと思う。

そして、もうひとつ。この章の中では、諸橋轍次・鎌田正・米山寅太郎著『広漢和辞典』(大修館書店、全四巻、一九八一―八二年)と白川文字学の関係について記してみたい。

白川静は『字統』『字訓』『字通』の三つの大きな字書を一人で書き、その業績で、二〇〇四年に文化勲章を受けている。その最初の字書『字統』（平凡社、一九八四年）をたった二年間で白川は書いた。もちろん、その字説の礎となった『甲骨金文学論叢』や『説文新義』などの業績がすでにあったからだが、短期間の『字統』執筆は、彼の碩学ぶり、エネルギッシュな執筆ぶりを伝えるエピソードとして知られている。しかし、この『字統』を急いだ要因のひとつに『広漢和辞典』の刊行があった。この辞典は、白川にとって、自分が解明した漢字の成り立ちについての説が、白川静の名も記されないままに収録されているように感じられる内容だったのである。

諸橋轍次は世界最大の漢和辞典と言われる『大漢和辞典』の刊行で知られ、一九六五年に文化勲章を受けている。漢字に関する辞典の執筆で文化勲章を受けた人では、諸橋轍次と白川静が著名であるが、白川文字学から漢字の成り立ちを学んだ者からすると、その諸橋轍次が著者として序文を記している『広漢和辞典』には見逃せない問題がある。

このことは雑誌『日本語学』（二〇一一年十月号、明治書院）の「特集 字源研究の現在」の中で「『字統』と『広漢和』——白川静の体系的文字学」として指摘したことがあるが、重要な問題にもかかわらず、白川の読者にもあまり知られていないことなので、この章でより詳しく、具体的に紹介したいと思う。

右〔金文〕　又〔金文〕

「右」という字

白川静の研究に基づき、漢字の成り立ちを紹介する記事の連載をより広く、多くの人に知ってもらいたいと思い、それらをインターネットでも読めるようにしてきたのだが、そのインターネットに掲載された記事を読んだ人からいくつかの質問が寄せられた。この章で記す私の疑問は、このインターネットでの、ある読者とのやりとりから始まった。

その質問は、「漢字の成り立ちについて、白川静さんの文字の説明と、他の漢和辞典などの説明は異なっているように感じるが、そのことをどう理解したらいいのか」というもので、その質問者が具体的な例として挙げたのは「右」という漢字についてだった。

白川の考えでは、この「右」の「口」の部分は顔の「くち」ではなくて、神様への祈りの祝詞《のりと》を入れる器の形である。前章でも紹介したが、多くの「口」の字形が「くち」ではなくて、祝詞を入れる器「𠙵《サイ》」であることを明らかにして、それを新しく体系づけたのが、白川の文字学の大きな発見であり、功績のひとつと言われている。

「口」は「くち」の象形だが、白川の研究によると、「くち」を意味する「口」を含む文字は比較的新しい文字が多い。漢字誕生時の姿を表す、甲骨文字、金文という古代文字には、「口」の字形を「くち」の意味に使った例はほとんどなく、それは神様への祈りの祝詞を入れる器「𠙵《サイ》」の意味で使われているのだ。

そして「右」の「𠂇」の部分は古代文字を見てもらうとよくわかるが、「又」（みぎ手）のこと。つまり「右」はみぎ手で神様への祈りの祝詞を入れる器「𠙵《サイ》」を持って祈る字形である。

しかし、その質問者が持っている木村秀次・黒澤弘光編『大修館現代漢和辞典』（大修館書店、一九九六年）だと、「口は、「祈りの言葉」。神が手を延べ人を助けるの意味を表す」とあり、その質問者にとっては随分、説明が異なるように感じるという。

その人は「つまり、漢和辞典の記述は古く間違ったものでしょうか？　白川さんをはじめ多くの研究者の方々の解字に敬意を表するとともに」、一人の素人として、漢字学習において、どう調べ理解すると効率的で有意義であるか、ご意見をうかがえれば幸いです、というような内容だった。

「新」「薪」「親」

その質問者が、例に挙げた「右」という字は、私が白川から、その成り立ちを教えてもらった最初の文字だった。その「右」についての質問だったので、私は日頃自分がやっている作業も少し紹介するようなつもりで、かなり詳しく回答したのだ。

白川静がうち立てた文字学の成果を応用すれば、漢字はひとつひとつバラバラにあるものではなく、すべての漢字が古代なりの論理でしっかりと体系的につながっていることがよくわかる。漢字は全体的な体系の中にあるので、ひとつの漢字の成り立ちを理解できれば、それにつながる漢字を自然に、連続的に理解していくことができるのである。そのことが、私を含む一般の読者たちが、白川の文字学を通して、漢字を学ぶ大きな楽しみのひとつだと言ってもいいと思う。たとえ、ひとつの文字を面白く説明できても、それに関連した文字を説明できなければ、単なる俗説にすぎない。

そのことについて、白川はこんなことを例に挙げて、説明してくれた。白川は小学生の頃に、「親」という字を「おまえたちは学校が終わったら家にも帰らないで遊んでいるだろう。心配で木の上に立って、子供たちを見てさがしている字が「親」だ」と先生に教わったそうである。

確かに「親」は「木」「立」「見」でできている。白川も「いちおう理屈におうとる」と笑っていた。でもこの説明では「親」とよく似た「新」や「薪」などが説明できないのである。そして、白川は「親」の文字の成り立ちを「新」の文字の説明から始めてくれた。

「新」は「立」「木」に「斤」を加えた文字。この「立」の部分、これは「辛」の省略形で、「辛」は取っ手のある針の形だ。古代中国人は、この「辛」を入れ墨のための針や投げ針として使った。「はり」の意味のほかに「つらい」「からい」などとも読むが、これは入れ墨をするときの痛みからできた意味である。

そして、親が亡くなり、新しく位牌を作るときにも「辛」を投げて木を選ぶのである。その「辛」が当たった木を「斤《おの》」で切る。このような儀式を表している文字が「新」である。新しい位牌を選ぶので、その意味が「あたらしい」となったのだ。「辛」が当たり、位牌のための神木として選ばれた木が「薪」。その木は祭りの際に燃やす木にも使うので、「まき」の意味となった。

そして「親」は「辛」と「木」に「見」を加えた字。新しくできた位牌をじっと拝んでいる姿を表す文字なのである。その位牌は父母の場合が多いので、そこから「おや」の意味になったのだ。

このように一貫した論理で、つながりのある文字を体系的に説明するのが、文字学である。「それが成り立たなければ字説ではない」と、白川は語っていた。

辛［金文］

斤［甲骨文］

親［金文］

新［金文］

神様への祈りの祝詞を入れる器

さて、「右」の文字をめぐる読者からの質問である。質問者への具体的な回答では、私が日頃参照している共同通信社調査部などに置いてある大きな漢和辞典類が、この「口」をどう説明しているのかを列挙して紹介した。それを以下、記してみたいと思う（「」内は小山による補足）。

『説文解字』（許慎著）
「人の言食する所以《ゆえん》なり」として、「くち」の象形文字とする。

『講談社新大字典』（上田万年、栄田猛猪ら編著。講談社、一九九三年版。基になった『大字典』は一九一七年刊行）
「くちの形に象る」

『大漢和辞典』（諸橋轍次著。大修館書店、一九五五―六〇年）
「口の形に象る」

『学研新漢和大字典』（藤堂明保・加納喜光編著。学習研究社、二〇〇五年、基になった『学研漢和大字典』は一九七八年）
「人間のくちやあなを描いたもの」

『角川大字源』（山田勝美ほか編。角川書店、一九九二年）
「人間の開かれたくちを、真正面から見たさまにかたどる」
『角川　字源辞典　第二版』（加藤常賢・山田勝美・進藤英幸著。角川書店、一九八三年）
「「くち」の形を表わす象形字」［角川書店刊行の漢和辞典では小川環樹らが編者となった『角川新字源』、簡野道明著『字源』があるが、私は原稿執筆の際に、これらを机に置いていないので、質問者への回答の例には紹介していない」
『大漢語林』（鎌田正・米山寅太郎著。大修館書店、一九九二年）
「くちの象形で、くちの意味を表す」

以上、私が日常使っている大きな漢和辞典の「口」に関する部分の文字の説明を列挙してみると、その多くが後漢の許慎が紀元一〇〇年頃に著した『説文解字』の「口」は「くち」の象形文字であり、「人の言食する所以なり」という説明にほぼ従っていると考えていいかと思う。

これらの説明と比べてみると「口」を顔の「くち」ではなくて、神への祝詞を入れる器である「𠙵《サイ》」とした白川静の解釈が、ずいぶん異なっていることがよくわかると思う。

「器」——白川静の説

さて、そこで白川の説明を採用するか、それとも他の字書・辞典の著者、編纂者の説明を採用するかという問題だが、そのときに一番大切な点は、前にも述べたように、この「口」という字を説明することで、「口」に関係した一連の漢字を体系的に関係づけて説明することができるかという点である。

確かにひとつの漢字は説明できても、他の漢字について、同じような意味の広がりの中で説明できなければ、体系的とは言えない。それは単なる思いつきである。そしてほんとうに体系的な解釈と説明であれば、ひとつの説明で、関連する文字が次々に芋蔓式にわかるはずだ。もし勝手気ままな文字の解釈をひとつひとつの文字に対して、バラバラに許容するのであれば、文字学、漢字学というものを追究する意味はないのではないかと、私も思う。

白川によれば、三千三百年ほど前の古代中国で、いっぺんに四千数百もの文字が生まれたのが漢字のルーツだ。現在でも、そのうちの約二千五百文字は読めるそうだが、いっぺんに四千数百もの文字が生まれたということは、それまでに文字の元となる図象（文字以前のマークのようなもの）などがかなり整っていたということであろうし、それらを組み合わせる体系があったということだと思える。ある種の体系的なつながりがないままに、いっぺんに四千数百もの文字を考案することは、不可能だろうと思われる。だから、漢字と呼ばれる文字が、ある体系的なつながりのうちに成り立っているのではないかと考えて、その成り立ちの姿を解明するのが、文字学というものなのだと思っている。

そして、質問者には白川の文字学の体系性を示すために、私の新聞連載でも紹介した「器」という文字を通して答えた。この「器」の旧字体「器」は現在の字形の「大」の部分を「犬」にした形だ。つまり「器」は「口」が四つの「㗊《しゅう》」と「犬」とでできた漢字である。

白川の説では、「口」は「くち」でなく、神様への祈りの祝詞を入れる器「𠙵《サイ》」である。「器」という字には四つの「口」があるが、白川によれば、それらたくさんの器《うつわ》に清めのためのいけにえの犬をささげ、お祓いをする字が「器」の旧字体「器」である。「器」はお祭りに使うもののゆえに、お祓いをして清めてから使った、というのが白川の字説だ。

この白川の説明は「口」が神様への祈りの祝詞を入れる器「𠙵《サイ》」だという説明から、「器」という字の成り立ちをそのまま理解することができる。これが、漢字が体系的に成り立っているということの意味するところである。

器(器)［金文］

他の字書・辞典の説

では他の字書・辞典での字説では、「口」の説明の延長上に、「器」という漢字をどのように述べているだろうか。

『説文解字』

「皿なり。器の口に象る。犬はこれを守らしむる所以なり」として、器の「口」としている。犬はこれを守るために加えられているという説明。

『講談社新大字典』

「㗊」を「皿の形」として、それと「犬」を合わせた字とする。さらに『説文解字』では「犬がこれを守る義とする」こと、また『漢字原理』の「犬は犬肉をさし、上古の常食。すなわち、多くの皿に犬肉を盛った義で、器の本義は皿、転じて道具、うつわの義となると記す」という説も紹介している。

『大漢和辞典』

「㗊」を「うつはの口の形に象る」としている。「うつは」と「これを守る犬」を合わせて、うつわの意を表すとし、さらに一説として「犬は犬肉」、つまり「㗊」は「うつはの象形、犬の肉を盛るうつはの意」で「古は犬肉を常食としたといふ」と

も紹介している。［これは『講談社新大字典』が紹介した『漢字原理』の「器」の文字の説明に通じるものがある］

『学研新漢和大字典』

「さまざまな容器を示す。犬は種類の多いものの代表として加えた」

『角川大字源』

犬と多くのくちから成るとし「犬が夏の季節に口を開けて（口中を空にして）呼吸する意。のち、口の開いた物を盛るもの、「うつわ」の意に用いる」とする。

『角川　字源辞典　第二版』

「犬とたくさんの口との会意」とし「犬が夏期に口を空けて呼吸する意」とする。

『大漢語林』

「㗊は、祭器の並べられた形にかたどる。犬は、いけにえのいぬの意味。祭りに用いられるうつわのさまから、一般に、うつわの意味を表す」

これらは字説がバラバラで、「口《くち》」の説明から、「器」の説明に、すんなりとつながるようなもの（つまり体系的なもの）とは、受け取りがたい。

大修館書店の『大漢語林』だけが、白川の説に近いものを感じさせるが、その『大漢語林』の「口」の解字は「くちの象形で、くちの意味を表す」というものである。この「くちの象形」の「口」が四つ集まると、なぜ「祭器の並べられた形にかたどる」になるのか、その関連性は、まったく説明されておらず、その関係は不明確で、体系的とは言いがたい。それぞれの「口」と「器」の説明を、私が列挙した記述に戻って、ぜひセットで読んでほしい。「口」の説明の延長線上に「器」の説明がぴったりと理解できるだろうか？

文字の説明は、ひとつの文字を説明できるだけでなく、関連する文字を広く統一的、体系的に説明できるものでなくてはいけないだろう。その体系的な説明が納得のいく形で説明できて、はじめて文字学なのである。白川静によると、前述したように「口」は顔の「くち」でなく、神様への祈りの祝詞を入れる器。「器」（器）の字に四つある「口」は、神への祝詞を入れるたくさんの器のことで、それにいけにえの犬をささげ、お祓いをする字が「器」（器）である。「器」はお祭りに使うためのものであるから、お祓いをして使ったという説明ならば、「口」が神様への祈りの祝詞を入れる器「𠙵《サイ》」だという説明から、「器」という字をそのまま理解することができる。

以上が、私が白川の字説に基づいて、漢字の成り立ちを紹介している理由である。そのような回答を質問者にしたのだ。

白川静の解釈に近い

その質問者とのやりとりは以上のようなもので終わったのだが、しばらくして、私の中に、別な形の疑問がやって来た。

その質問者の最初の問いは「右」という漢字についてのものだった。「右」は「又」（みぎ手の形）と「口」を合わせた字形だが、紹介したように、白川静の字説では「右」という字は、みぎ手で神様への祈りの祝詞を入れる器「𠙵《サイ》」を持って祈る形である。

この「右」について、他の字書・辞典の説明を簡単に紹介しておくと、

『説文解字』

「右」の字の説明は「口」の部と「又」の部とに重複して出ていて、「助くるなり」「手口相助くるなり」とあり、「手だけでは足らず、口をもって助ける」意味とする。

『講談社新大字典』

「手と口がたすけあう」意味。「口を使い、手を用いて助けあう」こととする。

『大漢和辞典』

「手を用ひて事を爲すに、手だけでは足らず、口を以て助言する」

『学研新漢和大字典』

「かばうようにして物を持つ手、つまり右手のこと。その手で口をかばうこと」

『角川大字源』

「口と手で勧め助ける」意味。

『大漢語林』

「口は、祈りの言葉の意味。神が手を延べ人を助けるの意味」

これらのなかでは『学研新漢和大字典』の解釈が少し異なるように感じるが、だがいずれも「口」を顔の「くち」としている点においては、『説文解字』と同じ説明である。

ところが、その質問者の持っている『大修館現代漢和辞典』だと「右」の「口」の部分は「祈りの言葉」である。だから、それと「又」（みぎ手の形）を合わせて「神が手を延べ人を助けるの意味を表す」となっているのである。

この『大修館現代漢和辞典』の「右」の「口」が「祈りの言葉」というのは、それだけを取り出すと、これは白川の「口」は神様への祈りの祝詞を入れる器「𠙵《サイ》」という考えと非常に近いものである。「右」の字は「神が手を延べ……」という解釈も、「神」という言葉が出てくるなど、白川の「神様への祈りの祝詞を入れる器「𠙵《サイ》」を右手に持って祈ること」という考えに通じるものがある。質問者に対しては、さまざまな字書、辞典の「口」

の解釈からすると「むしろ『大修館現代漢和辞典』は、白川静の解釈にも近い考え方をしていると思います」と答えたほどだった。

この質問者とのやりとりはインターネット上で公開されており、質問者への自分の回答を読み返してみると、「器」の字説の中で『大漢語林』だけが、「㗊は、祭器の並べられた形にかたどる。犬は、いけにえのいぬの意味。祭りに用いられるうつわのさまから、一般に、うつわの意味を表す」としている。これも「器」という字についての説明だけを取り出してみると、白川の字説に非常に近いものである。そして『大漢語林』の「右」の意味は「口は、祈りの言葉の意味。神が手を延べ人を助けるの意味」と記してあるのだ。

この『大漢語林』も『大修館現代漢和辞典』も大修館書店刊行の辞典である。どうして、大修館書店の漢和辞典が、白川静の字説と近いものを記しているのだろうという問いが、読者とのやりとりを通して、私の中にやって来たのだ。

原因は『広漢和辞典』

大修館書店と言えば、諸橋轍次著『大漢和辞典』を刊行した出版社である。その『大漢和辞典』の「口」は前述したように「口の形に象る」であるし、「右」は「手を用ひて事を爲すに、手だけでは足らず、口を以て助言する」意味である。「器」の説明は、「㗊」は

「うつはの口の形に象る」で、「うつは」とこれを守る「犬」を合わせて「うつは」の意としている。

『大漢語林』のように、「右」の「口は、祈りの言葉の意味。神が手を延べ人を助けるの意味」や「㗊」は「祭器の並べられた形にかたどる。犬は、いけにえのいぬ」というような「神」や「祈り」や「祭り」に関係する文字としての説明には『大漢和辞典』はなっていない。つまり現在刊行されている大修館書店の漢和辞典は、諸橋轍次の『大漢和辞典』に従っていないのだ。これはいったいどういうことなのだろうか――そんな疑問が浮かんできたのである。

そして、その原因はどうやら『広漢和辞典』にあるようなのだ。

突然の変更

諸橋轍次・鎌田正・米山寅太郎著『広漢和辞典』は大修館書店から、一九八一―八二年に刊行されているが、この辞典では、これらの「右」「器」の解釈が、まったく変わってくる。白川静が述べている字説と非常に似通った解釈に、突然、変わってくるのだ。

その字説を見てみよう。

『広漢和辞典』

「右」：「口は、祈りのことばの意。又は、みぎ手の意。祐の初体字で、神の助けの意を表す。また、みぎの意をも表す」

「器」：「口」を四つ並べた字形「㗊は、祭器のならべられた形にかたどる。犬は、いけにえのいぬの意。まつりに用いられるうつわのさまから、一般にうつわの意を表す」

これらは白川の字説の「右」や「器」の考え方と非常に近いものである。

『広漢和辞典』では「口」は「くちの形にかたどり、くちの意」としている。だが「右」に関しては、『大漢和辞典』の「手を用ひて事を爲すに、手だけでは足らず、口を以て助言する」という解釈を捨てて、それまで、まったくなかった「祈り」と「神の助け」という考えに突然、変更されているのである。

また、「器」の解字にも、それまでの『大漢和辞典』には、まったくなかった「祭器」「いけにえのいぬ」「まつりに用いられるうつわ」という言葉が出てくる。これは白川静の字解そのものではないだろうか。

『広漢和辞典』巻頭の諸橋轍次の「序」を読むと、『大漢和辞典』の「刊成りてのち内省すれば、幾多意に満たぬものを感ずる。これは是非とも機を待って補正すべきだと、第十二巻巻末の跋文に明記した」とあり、さらに「今度刊行することになった広漢和辞典は、大漢和辞典が余りにも浩瀚にして一般の利用には繁に過ぎるであろうかとの見解のもとに、上記補正の作業と関連しながら、更に簡にして要を得、広く現代一般社会人の言語生活にも適合できる辞典をという要望に応えんとして、新たに編纂したものである」と書かれている。私をはじめ多くの人は、この「更に簡にして要を得、広く現代一般社会人の言語生活にも適合できる辞典」という側面を主に受け取っていたように思う。

『大漢和辞典』のコンパクト版か？

つまり、私たちは『大漢和辞典』のコンパクト版が『広漢和辞典』なのだろうと理解していて、そのため『大漢和辞典』にあたるだけで、『広漢和辞典』にあたる必要はないだろうと判断していたのだが、『大漢和辞典』にあたり、さらに『広漢和辞典』にあたると、これが同じ諸橋轍次が書いた辞典とは思えぬほど、その中味が異なっているのだ。コンパクト版どころか、その解字の中味が、まったく違うのである。

白川が「口」の字形を顔の「くち」と解さずに、神様への祈りの祝詞を入れる器「𠙵《サイ》」と読み解いて体系化した「𠙵《サイ》」の系列文字についてもう少し見てみよう。たとえば「各」

という字。「各」の「夊」は「止」(足跡の形)の上下転倒形で、白川によれば、上より降りてくる足先の形である。そして「𠙵《サイ》」は神への祈りを収める祝禱《しゆくとう》(祝詞)の器の形。つまり祝詞をささげて神に祈ると、それに応えて神霊が降りてくることを表している。つまり「各」の原義は「格《いた》る」である。

『説文解字』では「異詞なり」として、口《くち》で止《とど》むるも聴かず、「おのおの」勝手なことをいう意味と字解している。これに対して白川は「各自」は後の転義で、もともとは神霊の来格することをいうのが「各」の最初の意味であるとしている。神霊が相伴って降りる文字が「皆」で、それに対して、単独で神霊が降りるのを「各」という。そこから「各自」の意味が後に生まれたのだろうと白川は述べている。

さて、それではこの「各」について、他の字書・辞典はどのように説明しているだろうか。

『講談社新大字典』

「ことばが異なってその説がおのおの合わないこと。ゆえに口をかく。夊は人が歩むのを後ろから止める義で、反対の意を示す」[ほぼ『説文解字』に従った解釈]

『大漢和辞典』

「口と夂（人の行くのを後から止めようとする義）との合字。本義はおのおのの言辭が互に異つて合はぬ意。故に口と夂とを合せて其の意を表はす」

『学研新漢和大字典』

「歩いていく人の足が四角い石や障害につかえた姿を示す。もと、こつんとつかえて止まること。また、個（かたい個体）の意味に近く、一つずつこちんこちんとつかえる→それぞれに、の意となった」「「口」を顔の「くち」と捉えず、四角い石などの個体と考えているのは、『説文解字』とは大いに異なっているが、「右」の場合は「口」を「くち」と解釈して、「右」を右手で口をかばうことを示すとしているわけなので、「口」の字形をめぐる体系的・統一的な字説とはなっていない。つまり「口」は「くち」なのか「いし」なのか、その場その場でいろいろ解釈できるのか、そのあたりの整合性を受け取ることが難しい説明である」

『角川大字源』

意符の夂（高い所から足趾を下向きに降りる）と、音符の「口」（くだる意＝降。またとどまる意＝止）とから成るとして、「高い所から降下してとどまる意」とする。借りて、「おのおの」の意味に用いるとしている。

これらの説明の中にある「借りて」とは「仮借《かしや》」のことで、文字の音だけを借りて、別な意味を表す用法である。漢字は物の形を絵画的に描いた象形文字が基本なので、形のないものを表すのが苦手で、その場合は別な字を借りて表したりしたのだ。

そして『大漢和辞典』なのだが、その「各」についての説明は、ほぼ『説文解字』に従った解字と言っていいと思える。ところが、『広漢和辞典』では、

『広漢和辞典』
「夂は、上から下へ向かう足の形にかたどる。口は、いのりの意。神霊の降臨をいのるの意から、いたるの意を表す。仮借して、おのおのの意にも用いる」

となっているのである。「口は、いのりの意。神霊の降臨をいのるの意から、いたるの意」というのは、まったく白川静の字説通りの解釈である。「いのり」や「神霊の降臨」はいったいどんな考えから導き出されたのであろうか。

『大漢和辞典』に従わず

しかも、その後の大修館書店の漢和辞典を見ていくと、ここに挙げた「右」「器」「各」などの文字の説明は、世界最大を自負する諸橋轍次『大漢和辞典』ではなく、『広漢和辞典』に従っているのである。

『大漢語林』（鎌田正・米山寅太郎著。大修館書店、一九九二年）

「各」：「口は、祈りの意味。神霊の降ってくるのを祈るさまから、いたるの意味を表す。借りて、おのおのの意味にも用いる」

『新漢語林』（第二版）（鎌田正・米山寅太郎著。大修館書店、二〇一一年。『大漢語林』のコンパクト版）

「各」：「口は、いのりの意味。神霊の降ってくるのをいのる意味から、いたるの意味を表す。借りて、「おのおの」の意味にも用いる」

『大修館現代漢和辞典』（木村秀次・黒澤弘光編。大修館書店、一九九六年。この章の冒頭に紹介した、私への質問者が持っていたもの）

「各」：「口は、「祈り」。神が降ってくるのを祈るさまから、「いたる」の意味を表す。借りて、「おのおの」の意味を表す」

白川静は「口」が顔の「くち」ではなく、神様への祈りの祝詞を入れる器「𠙵《サイ》」と考えれば、「口」の字形を含むほとんどの文字を体系的に統一的に説明できるとした。この考えは、白川の研究成果で最も重要なもののひとつとして知られ、私がここで例示した文字は、その「口」を含む文字の代表的なものだが、それらに関して、『広漢和辞典』以降の大修館書店の漢和辞典は、同社の看板辞典である諸橋轍次『大漢和辞典』に従わず、白川の字説によく似た説明を繰り返しているのである。

「君」という字について

私が、意図的に白川静の説に寄せて論じているわけではないことの例証として、さらに、いくつかのわかりやすい文字を挙げて、白川の文字学と、他の漢和辞典の関係を紹介してみよう。

まず、もうひとつだけ「口」の字形を含む文字を挙げて、ここに述べたことを確認してみたい。その文字は「君」である。

前章でも紹介したが、「君」は「尹」と「口」に従う文字で、「尹」は神の杖を手で持つ形である。つまり「尹」の「丿」の部分が「神杖」の形であり、「ヨ」の部分が「又」（手の形)。だから「尹」は「神杖」を「手」で持つ聖職者を意味する文字である。「口」は神様への祈りの祝詞を入れる器「𠙵《サイ》」のことだ。つまり祝禱して祈る聖職者というのが元の意味だ。白川によれば、「尹」は金文で官名として「作冊尹」「内史尹」など、祭事・神事を司る巫史系統の長官名に用いられた。前記したように、宮城谷昌光の出世作である『天空の舟 小説・伊尹伝』(一九九〇年)で描かれた「伊尹」は殷の王権を治め、助けた聖職者であり、同時に政治的な君長たるものであった。その「君」について、他の字書・辞典はどのように説明しているか。

『説文解字』

「尹に從ひ、號を發す。故に口に從ふ」。つまり「くち」で号令する者だから「君」としている。

『講談社新大字典』

「人の上に立ち、号令を発して世を治める尊い人、すなわち「きみ」のこと。口に号令の義があり、尹は政治を行う義」

『大漢和辞典』

「民の上に在つて、號令を發して世を治める者。故に口と尹とを合せて尊者、卽ちきみの義を表はす」

『学研新漢和大字典』

「尹に口を加えて号令する意を添えたもの。人々に号令して円満周到におさめまとめる人をいう」

『角川大字源』

「口から号令を出して衆を統率する人」

いずれも「口」を「くち」による号令と解釈していて、『説文解字』と同じである。ところが、

『広漢和辞典』

「尹は、神事をつかさどる族長の意。のりとの意を表す口を付加し、きみの意を表す」

と、『広漢和辞典』では、これまた白川静の字説通りの解釈に急転換しているのである。『広漢和辞典』での「君」の「口」は「号令」ではなくなり、突然に神に祈る「のりと」

の意味となり、族長の説明も紹介した辞典では白川静以外になかった「神事をつかさどる」という考えがいきなり入ってきているのだ。こういう転換はどこからやって来るのか。

そして、やはり『広漢和辞典』以降の大修館書店漢和辞典の「君」は諸橋轍次『大漢和辞典』には従わず、なぜか白川静の字説に近い『広漢和辞典』に従っているのである。

『大漢語林』（鎌田正・米山寅太郎著）

「神事をつかさどる族長の意味。のりとの意味の口を付し、きみの意味を表す」

『新漢語林』（第二版）（鎌田正・米山寅太郎著）

「尹は、神事をつかさどる族長の意味。のりとの意味を表す口を付し、きみの意味」

『大修館現代漢和辞典』（木村秀次・黒澤弘光編）

「尹は「神事をつかさどる一族のかしら」。口は、「のりと」。のりとを唱えるかしら、「きみ」の意味を表す」

諸橋轍次『大漢和辞典』には「號令を發して世を治める者」ゆえに「卽ちきみの義を表はす」とあったのだから、『大漢和辞典』の系統をひく、大修館書店の漢和辞典が、この「君」においても『大漢和辞典』にまったく従っていないのである。

『広漢和辞典』以降の大修館書店の漢和辞典が、「口」の文字を「のりと」と、突然、説明し出したとしても、「祝詞」も「くち」で言うものだからという説明も成り立つということなのかもしれない。だが、白川の字説の中心をなす文字群と『広漢和辞典』の重なりぶりは、「口」の字形のみにとどまるようなものではとてもない。

「𠂤」「師」「追」「遣」「官」「館」「歸」(帰)

白川静は漢字には数百の系列があって、その系列が縦横、まるで織物のように交差して、漢字の体系ができていると考えていた。

そのうち最大の漢字系列が「𠙵《サイ》」である。せっかくなので、白川のその他の系列字を紹介しながら、他の辞典との違いを見ていきたい。まずは「𠂤」(タイ、シ)である。白川によれば、これが単独で使われることはないが、「𠂤」は軍隊が出陣するときに持つ肉の形である。古代文字を見ると、二枚の肉(大きな切身の肉)の形をしている。この「𠂤」は自軍を守る霊力がある「祭肉」と考えられていて、軍隊が戦いに行く際は必ず携帯した。

この「𠂤」を含む文字として、まず「師」について説明すると、「師」は「𠂤」と「帀《し》」を合わせた文字。「帀」は刀剣の形である。作戦上、軍隊が分かれて行動するときには、この霊力のある肉「𠂤」を刀剣「帀」で切って、分かれて戦う軍隊にも肉を持たせた。

𠂤［金文］

師［金文］

追［金文］

この軍隊を守る霊力のある二枚肉を「帀」(剣)で、切る者のことを「師」と言う。霊力のこもった大切な肉を切る権限は、その氏族(共通の祖先を持つ人たち)の長老の仕事だった。「師」は引退後は若者の指導にあたったので、「せんせい」の意味にもなった。「𠂤」は「師」という文字の最初の形である。

われわれが日常使う漢字の中に、この「𠂤」を含む文字はかなり多い。「追」もそのひとつだ。

「追」は「𠂤」と「辶」を合わせた文字である。「辶」は「彳」と「止」を合わせた字形で、「彳」は道の十字路を表す「行」という字の左半分で「道」のこと、「止」は足跡の形だ。すなわち「彳」と「止」を合わせた「辶」は道を行く意味である。それに自軍を守る二枚肉の「𠂤」を加えたのが「追」という字。つまり敵を追撃するときにも、その軍隊に自軍を守ってくれる、霊力ある二枚肉を持たせて敵を追いかけたのだ。「追」は軍事行動で敵を「おいかける」ことが第一の意味である。狩りなどで獣を追いかけるときには「逐」を使って区別していたが、後に「追」はすべてのものを「おう」意味となった。

自衛隊の派遣や派遣社員という言葉にも使われる「遣」の「辶」以外の部分は、神霊のやどる二枚肉「𠂤」を両手で持つ形だ。これは古代文字を見れば、「𠂤」を両手で持つ形であることがよくわかるだろう。

そして「辶」は道を行くこと。つまり自軍を守る霊力のある二枚肉を両手で捧げ持って行動する姿を表した文字である。だから「遣」は、まず軍隊を派遣することだった。そこからすべてのものを「つかわす」意味になっていった。「気遣い」「小遣い」の用法は日本語だけのものである。

さらに「官僚」の「官」も、霊力ある二枚肉に関係する文字である。「宀《うかんむり》」と「𠂤」を合わせた文字が「官」で、その「宀」は廟《みたまや》の屋根の形。その屋根の下に、軍隊が行動するときには常に持っている霊力ある二枚肉を安置している文字が「官」である。であるから、この「官」は単なる官僚・役人ではなくて、自軍を守る二枚肉をつかさどる軍の「将官」「将軍」がもともとの意味である。

その「官」に「食」を加えた「館」も霊力ある二枚肉と関係がある文字。「官」の字が「館」という文字の元の字形で、「官」は軍隊の将官、将軍たちがいる建物のことを示す文字でもあった。のちに将官、将軍や外交官が、宿泊するところとなり、「官」に「食」を

遣［金文］

官［金文］

帰（歸）［金文］

加えて「館」という文字ができたのである。

さらに「帰」も神霊のやどる二枚肉に関係した文字なのだが、これは旧字「歸」でないと関係がわからない。旧字「歸」は霊力ある二枚肉の「𠂤」と「止」と「帚《そう》」とを合わせた文字。「止」は足の形で、足を進めることである。「帚」は自分たちの祖先の霊を祭る廟を、酒をかけた帚《ほうき》で清める姿だ。

つまり「歸」（帰）とは、酒で清められた廟に、自分たちの軍隊を守ってくれた霊力ある二枚肉を供え、無事の帰還を報告する儀式のことである。「帰」は軍の帰還のことだったが、後にすべてのものが「かえる」という意味になった。

このように白川静は「𠂤」を「自分たちの軍隊を守ってくれる神霊やどる祭肉」と解釈することで、「𠂤」を含む多くの文字をひとつの体系の中に一貫性をもって説明しているのである。

丘のかたち——白川静以外の説

では他の文字学者、また漢和辞典の編纂者はどのように「𠂤」を考えていたであろうか。

諸橋轍次の『大漢和辞典』『広漢和辞典』と白川静の文字学との関係を示す前に、許慎の『説文解字』や、日本で刊行されている他の大きな漢和辞典で、どのように説明されているかを簡単に紹介してみたいと思う。

『説文解字』

「𠂤」:「小さき𨸏《をか》（阜）なり」とする。𨸏《ふ》を大阜《だいふ》とし、𠂤を小阜と解し、いずれも山や岡の形とする。

これに対し白川は、甲骨に刻まれた甲骨文や青銅器に鋳込まれた金文とは字形が合わず、𨸏の甲骨文の形はで、神が陟《のぼ》り降りする神梯《しんてい》、神が陟降する梯子の形であるとする。つまり祭肉の象形である「𠂤」と「阜」とはまったく別な文字としている。他の字書の「𠂤」を含む字も見てみよう。

『講談社新大字典』

「𠂤」:「堆の本字で、うずたかい所」として、「阜」も「おか」の意味で「石のない土山の形を象る」としている。

「師」:「𠂤」は堆の本字で「積み重ねる」意とし、「帀」は「あまねくめぐる」の意で、それらを合わせて「人数の多い」意味としている。さらに「転じて、軍隊の長または人の模範となり、人を導く人、または模範の意とする」としている。［しかし、「転じて、軍隊の長」以下の部分は、「𠂤」の積み重ねる意と、「帀」のあまねくめぐる意とを合わせて、どう導き出され、どう転じるのかが、論理的にはよくわからない説明である］

「追」：「後ろよりおい及ぶこと」とあり、「𠂤」は音符とする。［「𠂤」との関係の説明を放棄しているようにもみえる］

「遣」：はなちやること。「𠳋《けん》」を音符字とする。転じて、送りつかわすこと。［これもまったく「𠂤」との関係が記されていない］

「官」：「宀」と「𠂤」の合字で、意味は百官（数多くの役人）が君につかえることとしている。「宀」は役所を示し、「𠂤」は堆積して多い意味で、すなわち百官の意味を表すとしている。［このあたりの文字の解釈は、「𠂤」は「小さき自《をか》（阜）なり」と説明した『説文解字』の字説の延長線上にある］

「館」：館にはたくわえをおいたので食偏がついたとする。

「歸」（帰）：「婦人が嫁ぐ意味」が本義。「婦人は夫の家を自分の家としてとどまる。ゆえに止と婦を合わせて嫁ぐ義とする」としている。［「止」は足の形なので、「すすむ」「すすめる」の意味もあるが、ここでは「とどまる」と解釈。さらに「𠂤」

は音符として、意味の関連の説明を放棄している。「これを「かえる」とよむのは、
母の家より我が家にかえる義」としている」

『学研新漢和大字典』

「𠂤」：「土を積み重ねた姿を描いた字。物や人の集まりを示す」［『説文解字』につらなる解釈］

「師」：「「𠂤（積み重ね、集団）＋帀（あまねし）」で、あまねく、人々を集めた大集団のこと。転じて、人々を集めて教える人」

「追」：「⻌」と同じ意味である「辵」（足の動作）に音符「𠂤」を加えた文字で、「あとに従って進むこと」とする。［「𠂤」については「追」の解字の冒頭に「𠂤は、物を積み重ねたさまを描いた象形文字」とありながら、解字の後半には「𠂤の原義とは関係ない」と明記されていて、解字で述べたい基本的な意味がつかみ難い］

「遣」：「「𠂤（つみ重ねた物）＋両手」からなり、両手で物の一部をさいて、人にやることを示す」［「追」の場合と異なり、「遣」では「𠂤」の意味と関係があるような解釈をしている］

「官」：「宀（やね）＋𠂤（つみかさね）」で「家屋におおぜいの人の集まったさま」として、「もと、かきねで囲んだ公的な家屋に集まった役人のこと」とも記し

ている。

「館」‥「公用人が隊をなしている家をあらわす。のち、官が役人をあらわすことばとなったので、食印をそえて、公用者が食事をするやしきをあらわした」

「歸」（帰）‥「女性がとついで箒《ほうき》を持ち家事に従事するのは、あるべきポストに落ち着いたこと」。「のちに止《あし》を加えて歩いてもどることを示した。あちこち回ったすえ、定位置にもどって落ち着くのを広く「キ」という」とし、それを「歸」（帰）としている。


『角川大字源』

「阜」‥「土地が盛り上がって高い丘の意」（『説文解字』に近い説明）

「師」‥「𠂤」については、「意符の𠂤（𨸏部のむっくり盛り上がった形から、小丘〈堆〉の意に借用された）」との解釈を加え、古代、堆丘に軍隊が止駐していたので、軍隊の意に用いられるようになったとしている。帀《ソウ》についても音の観点から「小高い丘の意」と解釈している。

「追」‥意符を辵（ゆく）、「𠂤」を音符として「おいつくように行く、「おう」意」としている。

「遣」‥「𠳋」（「おいはらう意」）を意符として、「行かせて追い払う意」と解釈。

「官」：「仕事をする家、または、小役人のいる家の意」で「ひいて、小役人の意」としている。

「館」：「官人が宿泊し、食物などを供給する家」

「歸」（帰）：偏の部分を「追」の文字の省略形（「𠂤」「止」を合わせた形）と考え、旁を「婦」の省略形とする。そこから「女性が男性の後からついて行く意」とし、ひいて「とつぐ」の意味となり、「かえる」の意味に用いるとする。


以上からわかるように、これらの解字を記した者のなかに、許慎『説文解字』も含めて、白川静以外には「𠂤」を「自分たちの軍隊を守ってくれる神霊やどる祭肉」と解釈した者は一人もいない。また「𠂤」について、他の説明でもいいのだが、ひとつの体系性をもって、一連の文字が軍隊との関係などで、すっきりと納得できる説明はないのである。

神霊やどる祭肉

さて、それでは諸橋轍次『大漢和辞典』と『広漢和辞典』は、この「𠂤」系の字について、どのように説明しているだろうか。

『大漢和辞典』

「𠂤」：「小さいをかの形に象る」〔『説文解字』と同じ〕

「師」：「𠂤は堆の本字、帀はめぐる。故に二字を合して多人數の意とする。轉じて、京師（大衆の義）の意に用ひ、假借して帥（長官）とする」〔ここでも軍隊と「𠂤」の関係は触れられておらず、仮借の用法として、「帥」と関係づけられている〕

「追」：解字なし

「遣」：解字なし

「官」：「宀と𠂤との合字。𠂤は堆（うづたかく積る）の字。故に衆の意に用ひる。この字は衆人を宀を以て覆ふ、卽ち衆を治するの意を本義とする」

「館」：解字なし

「歸」（帰）：解字なし

『広漢和辞典』

「𠂤」：「小さいおかの形にかたどる」〔『説文解字』『大漢和辞典』と同じ〕

「師」：金文は「𠂤」と「辛」の形声の文字として、「辛」はつみするの意味であり、「𠂤は、大きな切り肉の象形」とし、さらに「敵を処罰するという目的で祭肉を奉じて出発する軍隊の意を表す」とある。

『広漢和辞典』の「𠂤」は『説文解字』や『大漢和辞典』と同じである。ところが、『広漢和辞典』の「師」で「𠂤」が「祭肉」という形で突然出てくるのである。私の知る限りでは、白川静しか述べていない字説である。さらに「甲骨文と一部の金文では𠂤のみで声符はまだついていなかった。派生して指導者の意をも表す。篆文は、辛が変形して帀となり、会意で、𠂤＋帀」とある。しかし「𠂤」は「大きな切り肉」であるという考えや軍隊が奉じる「祭肉」という考えがどこから出てきたのかは、記されていないのである。このように『広漢和辞典』の「師」の解字で、またまた、それまで白川しか述べていなかった「祭肉を奉じる軍隊」という考えが突然出てくるのである。

基本的な疑問として、同じ諸橋轍次を著者に明記する『広漢和辞典』と『大漢和辞典』との整合性はどのようにしてあるのだろうか。

さらに『広漢和辞典』で「𠂤」の関係文字を見ていくと、

『広漢和辞典』

「追」：「𠂤は、神にそなえる肉の象形。肉をそなえて行くさまから、おいはらうの意や、父祖の霊によく慕い仕えるの意を表す」

とある。「父祖の霊によく慕い仕えるの意」とは「追孝」などの言葉を説明するものだろうか。「追孝」とは「祖先を祀る」（白川静『字通』）ことである。『大漢和辞典』には、「追」の解字の項自体が記されていないが、『広漢和辞典』のここでも、「𠂤」について、それまで他の漢和辞典編纂者では白川以外は述べていない、「神にそなえる肉の象形」という考えが突然、記されるのである。

肉を携え軍が征途に

「追」と同じように『大漢和辞典』には解字の項がない「遣」「館」「歸（帰）」については、どうだろう。また『大漢和辞典』に解字はあったが、それとは解字が異なる「官」についても見てみたい。

『広漢和辞典』
「遣」：「𠳋は、両手で、たばねた肉を手にする形にかたどり、肉をたずさえ軍が征途につく、つかわすの意」［「肉をたずさえ軍が征途につく」という考えは白川静の考えそのものと言ってもいいと思う］

「官」：「𠂤は、祭り用の肉の象形で、軍隊を意味する」と「𠂤」＝祭肉＝軍隊という『大漢和辞典』とまったく異なる字説で断定している。さらに「軍隊が長くとどまるところの意から、役所の意を表す」とある。

「館」：「官は、軍官が長期滞在する場所の意。長期滞在者に食事を供する場所・宿泊所・やかたの意を表す」

「歸」（帰）：「𠂤は、神に供えるなま肉の象形。帚は、ほうきの象形。人がかえったとき、清潔にした場所で神に感謝をささげたさまから、かえるの意を表す。のちに、あしの意を表す止を付加し、その意を明らかにした」

前述したように『大漢和辞典』には、「歸」（帰）に解字の項がないのであるが、だが『広漢和辞典』では、「神に供えるなま肉」「人がかえったとき、清潔にした場所で神に感謝をささげたさまから、かえるの意」と詳しく説明されている。「神に供えるなま肉」「神に感謝をささげたさま」など、「神」との関係が強調される点など、白川静とよく似ている字説が記されている。

体系性と一貫性

このように『広漢和辞典』の「𠂤」の系列文字の説明は『大漢和辞典』に従っていないのは明らかなのだが、もうひとつ、大きな問題が残されている。

それは系列的につながる文字の出発点である「𠂤」について、『広漢和辞典』では「小さいおかの形にかたどる」と『説文解字』や『大漢和辞典』と同じ文字の解釈を説いていることである。「𠂤」は「小さいおかの形」というのに、その「𠂤」を字形内に含む「師」「追」「遣」「官」「歸」(帰)の「𠂤」はすべて「祭肉」を表す字形として、説かれているのである。これでは、体系性と一貫性をもった文字学を反映した辞典とは言えないのではないだろうか。なぜ、ここに列挙した字形内に「𠂤」を含む漢字を「祭肉」と説明しながら、肝心かなめの「𠂤」について「小さいおかの形」と説明して、「祭肉」について、一言も述べていないのか、まったく理解することができないのである。

そして、その後の大修館書店の漢和辞典を見ると、やはり、この「𠂤」の系列文字は『大漢和辞典』には従わず、『広漢和辞典』に従っていることがわかる。

『大漢語林』

「𠂤」:「小さな丘の形」

「師」…「𠂤は、大きな切り肉の象形。敵を処罰するという目的で祭肉を奉じて出発する軍隊」

「追」…「𠂤は、神にそなえる肉の象形。肉を供えて祭り、祖先をしたうの意味を表す」

「遣」…「㠯は、両手で束ねた肉を手にする形にかたどり、肉を保存食として携えて軍隊が遠征につくの意味」

「官」…「𠂤は、祭り用の肉の象形で、軍隊の意味」「軍隊が長くとどまる家屋の意味から、役所の意」

「館」…「軍官が長期間にわたって滞在する場所」

「歸」（帰）…「𠂤は、神に供える肉の象形。帚は、ほうきの象形。人が無事にかえった時、清潔にした場所で神に感謝をささげたさまから、かえるの意味」


このように、「𠂤」の文字系列は「𠂤」の文字以外は、「祭肉」と説明していることも『広漢和辞典』と同じである。『大漢語林』のコンパクト版の辞典である『新漢語林』（第二版）や『大修館現代漢和辞典』も「師」「追」「遣」「官」「歸」（帰）の「𠂤」は「祭肉」として説明しているのである。

「夭」「笑」「咲」「妖」「殀」

白川静の文字学は呪術的な文字の解釈が多いとされていて、それゆえに批判をする人もいるし、その呪術的である白川静の文字学がもつ体系と一貫性に惹かれる読者も多い。「𠙵《サイ》」への理解、「𠂤」の理解にも、現代とは異なる呪的な世界だった古代中国の思考が反映している。その呪術に関係する巫女たちが登場する系列文字を紹介してみたい。

それは「夭」という字に関わる文字群である。「夭」の古代文字を見ればよくわかるが、これは若い巫女が頭を傾けて、身をくねらせて舞い踊る姿を文字に表したものだ。リズムに乗って、ダンスミュージックで踊っているような姿が伝わってくる。若い巫女が、神との交信・交感によってエクスタシー状態となり、身をくねらせながら舞い祈っているのである。

それゆえに、「夭」には「身をくねらす」という意味があり、若い巫女の行為ゆえに「若い」の意味がある。若死のことを「夭折」「夭逝」と言うのもそこからだ。災いを「殀《よう》」とも言うので、「夭」に「わざわい」の意味もある。

この「夭」を含む文字で、最もなじみ深い漢字は「笑」だろう。この「笑」も若い巫女が踊る「夭」に関連した文字である。「笑」の「竹かんむり」の部分は「竹」のことではなく、もともとは両手をあげて踊る巫女の両方の手を表していた。つまり「笑」は笑いながら舞い踊る若い巫女の姿のことだ。巫女は神様にいろいろなお祈りをして、神意をうかがうのだが、その巫女の祈りに応える神の意思をやわらげるために、笑いで神様を楽しませながら踊っているのだ。

この「笑」の関連字で知っておきたいのは、花が咲く「咲」である。その古代文字を見ると、「笑」の古代文字と同形である。「咲」の古い字は「笑」と同じだったのだ。モデルで女優の「武井《たけい》咲《えみ》」がいるが、その「咲《えみ》」である。「咲」は古い字書には見えない文字で、「花が咲く」という表現は、昔は「花が開《さ》く」「花が披《さ》く」と言ったようで、後になって「咲」の字を「花が咲く」という意味に使うようになった。それは「花の開く様子を人の口もとのほころびる様子にたとえたのであろう」と白川は推測している。

ほかにも「夭」の文字を紹介すれば、まず「妖」がある。「妖怪」「妖異」などという言葉で、現代人にとってもなじみ深い文字だが、正字は「𡝐」という形。この文字の旁の「芺」は「笑」の元の字形だ。だから「芺」は巫女が両手をかざして頭を傾けて舞い興じるエクスタシー状態のことである。その一心に踊る姿はあでやかな姿だったので「あでやか」の意味があり、さらに、そのような神の憑いた女性は、まがごとをすると恐れられた

夭［篆文］

笑［篆文］

咲［篆文］

死〔甲骨文〕

ので、妖艶、妖美なるものの意味がある。

災いを「殀《よう》」とも言うので、「夭」には「わざわい」の意味もあることを述べたが、この「殀」は「歹」と「夭」とでできた漢字で、「歹」は残骨の形である。若い巫女が身をくねらせながら舞い祈る「夭」には、若い巫女の行為ゆえに、「若い」という意味があり、「殀」は、その「夭」と残骨を表す「歹」とで、「わかじに、ころす」の意味の漢字である。

なお、残骨を示す「歹」の文字をひとつだけ挙げれば「死」が、そうだ。「死」は「歹」と「匕」（人）でできた文字。残骨を拝し弔う人のことである。「死」の字形から見ると、一度風化した後で、その残骨を集めて葬ったのだろうと白川は考えている。

「若」「諾」「匿」

神様と交感してエクスタシー状態となった巫女の姿を表す文字で、最も印象深いのは「若」の古代文字形である。この「若」の甲骨文字は一度見たら、ちょっと忘れられない。文字の形に対する好き嫌いは誰にでもあると思うが、私にとって強く記憶に残る屈指の文字が、この「若」である。

これは、若い巫女が長髪をなびかせて、両手をあげて舞いながら、神のお告げを求めている姿である。そう思って、甲骨文字の「若」をもう一度見てほしい。巫女が神との交感でエクスタシーの状態となり、神託を求めて神がかり状態となっている姿が三千年の時空を超えて、まことにリアルに伝わってくるだろう。このエクスタシー状態となった巫女でつながる文字を解明した白川の文字学もすごいと思うが、象形文字としての漢字というものの力もすごいなと感じる。

甲骨文字には、まだ「口」の字形はないが、後に字形の中に、神への祈りである祝詞を入れる器「𠙵《サイ》」が加えられ、その祝詞を唱えて祈る形になったのだ。

そうした「若」の巫女の祈りに対して、神が許し、承諾することを示す文字が「諾」である。甲骨文では「若」を「諾」の意味に用いているので、「若」が「諾」の元の字である。

何事にも逆らわず従うことを「唯々諾々」と言う。礼の作法や理念に関することを記した儒教の経典『礼記』に「父命じて呼ぶときは、唯して諾せず」という言葉があって、白川によると、「唯」と「諾」とでは応答の語として少し違いがあるようだ。

若〔甲骨文〕

諾〔甲骨文〕

〔金文〕

「唯」は速やかな応答、「諾」は緩やかな応答。「唯」は「ハイ」という応答で、「諾」は「ハーイ」という応答のようである。つまり『礼記』の言葉は「父親に呼ばれたときは、「ハイ」と答えて、「ハーイ」などと答えない」という意味である。

確かに「諾」の「ハーイ」という緩慢な応答のほうが、神と交感して、エクスタシー状態となっている巫女との応答の感じがよく伝わってくる。このように「諾」のニュアンスを読者に紹介する白川の人間的な魅力も伝わってくるような説明である。

「若」は「若《かく》のごとし」とも使うが、これも「神意のままに伝える」ということからきた意味である。

この「若」を「匚」の中に入れた「匿」も「若」の関連字である。この「匚」は周囲を囲われた秘匿の場所を表す字形。その秘匿の場所に巫女がいて、ひそかに祈禱することを示す漢字で、呪詛などを行う意味である。そのため「かくれる、にげる」などの読みが生まれた。

『説文』も誤った解字

では他の日本の漢和辞典はどのようにこれらの文字について、説明しているだろうか。繁雑になるので、これまで中心的に比較、論じてきた諸橋轍次の『大漢和辞典』『広漢和辞典』と、それ以降の大修館書店の漢和辞典について、記してみよう。

『大漢和辞典』

「夭」：「大（人の全形に象る）に从ひ、其の頭を右方に屈曲して、まがるの意を示す。故に、本義は、かがまる」。「夭」に「わかい」の意味があることについては「物のめばえは其の形が巻曲してをり、初生のままで枯死することあれば、巻曲したままで伸びることがない。故に轉じて、わかじにの意に用ひる」

「笑」：解字なし

「咲」：解字なし

「妖」：解字なし

「殀」：解字なし

「若」：「艹」と「右」の合字とする。「右は又にて右手の義。故に、手にて菜をえらびとる。卽ち、つむ意」としている。さらに「又、汝・如等に通じて用ひる」とする。

これに対して、『広漢和辞典』の「若」は次のように説明している。

『広漢和辞典』

「若」…「甲骨文は髪をふりみだし忘我のうちに神意を求める巫女の形にかたどり、神意にかなう、うべなうの意を表す。金文から口を付加した。篆文は著しく変形し、説文も誤った解説を施している。仮借して、ごとし・もし等の助辞に用いる。日本では弱と同音のところから、弱年、わかいの意に用いる」

とあるのだ。「金文から口を付加した」とあるが、この「口」は白川静が言う神様への祈りの祝詞を入れる器「𠙵《サイ》」や『広漢和辞典』以降の大修館書店の漢和辞典が記す「のりと」の意味だろうか。加えられた「口」の字形の意味については、何も記されていない。

そして「髪をふりみだし忘我のうちに神意を求める巫女の形にかたどり、神意にかなう、うべなうの意を表す」は、これまた白川静の字説とまったく同じである。

『説文解字』の「若」は「菜を擇《えら》ぶなり。艸《さう》・右に従ふ。右は手なり」とあった。『大漢和辞典』が「右は又にて右手の義。故に、手にて菜をえらびとる」と解字しているのは『説文解字』と同じである。白川静は『説文解字』の「若」の解字について「形義ともに誤る」としている。

『広漢和辞典』の「若」の項が「篆文は著しく変形し、説文も誤った解説を施している」は、白川静が「形義ともに誤る」としていることと同様のことを言っていると思える。ならば『説文解字』ばかりでなく、当然、それと同様の解字を記した『大漢和辞典』の「若」も「誤った解説を施している」ということになる。

さらに『広漢和辞典』は、「夭」についても「若い巫女がしなやかに身をくねらせて神を招く舞いの姿にかたどり、わかいの意を表す」としている。ここにも突然のように、白川静と同じ「若い巫女がしなやかに身をくねらせて神を招く舞いの姿」という考えが出てくるのである。

狂舞する巫女

繰り返しになるが、『大漢和辞典』の「夭」の解字は「大（人の全形に象る）に从ひ、其の頭を右方に屈曲して、まがるの意を示す」であるし、「夭」に「わかい」の意味があることについては、「物のめばえは其の形が巻曲してをり、初生のままで枯死することあれば、巻曲したままで伸びることがない。故に轉じて、わかじにの意に用ひる」という説明である。そこに「若い巫女」という考えはまったく記されていない。「物のめばえは其の形が巻曲」から、「わかい」や「わかじに」を説明した『大漢和辞典』の「夭」の字説は誤りだったということだろうか。その後の大修館書店刊行の漢和辞典は『大漢和辞典』に従わず、『広漢和辞典』に従っているのである。

『大漢語林』
「夭」：「若いみこ（巫女）がしなやかに身をくねらせて神を招く舞をするさまにかたどり、わかいの意味を表す」

『新漢語林』（第二版）
「夭」：「若いみこ（巫女）がしなやかに身をくねらせて神を招く舞いをするさまにかたどり、わかいの意味を表す」

と両者同じ説明であるし、『大修館現代漢和辞典』も同様の解字をしている。さらに『大漢和辞典』では解字がなかった文字についても『広漢和辞典』は解字をしている。

『広漢和辞典』
「妖」：元の字形である媄の旁「芺は、髪をふりみだした巫女の象形で、なまめかしくもあやしいの意を表す。女性の一種の姿態であるところから女を加えた」

「笑」：「髪を長くした若いみこの象形で、わらうの意を表す」とし、本来「竹かんむり」ではなく「草かんむり」の字形だったことを記して、「艸の部分は長い髪の象形であったのが変形したものであり、それがさらに竹に変形し誤った字形となってしまった」とする。

白川静は「草かんむり」や「竹かんむり」の部分は、狂舞する巫女がかざした両手であるとしている。私には、左右均等の字形である「竹」や「艸」ならば、長い髪より（夭のように、ふりみだした髪なら、なおさら思うが）かざした両手のほうが、受け取りやすい。「若」の甲骨文字形を見ても、若い巫女の、かざした両手が草かんむりに変形していったことがわかるので、「笑」の「艸の部分は長い髪の象形であったのが変形したもの」とするより、「若」と同じようにかざした両手のほうが、理解しやすいのだ。

それはともかく『広漢和辞典』では「笑」の「竹かんむり」や「草かんむり」は本来の字形を反映したものではないということが言いたいのだと思われる。だが、それも白川静の考えと同じである。

呪術的解釈

白川の字説は「呪術的」な解釈が多いと言われる。その字説に批判的な人たちのなかには、その呪術的な解字は白川独自のもので一般性がないと言う人もいる。だが紹介してきたように、諸橋轍次、鎌田正、米山寅太郎の三人による『広漢和辞典』、またそれ以降、新たに編纂された大修館書店の漢和辞典は、白川静の文字学と重なる解字が多く、見方を変えれば、『広漢和辞典』以降の大修館書店の漢和辞典もかなり「呪術的」である。辞典をしっかり読んでみれば、呪術的な解字はなにも白川の字説だけではないということになる。

白川静の「呪術的」な字説を批判する声に接する機会はあるが、なぜか同様に「呪術的」な解字を含む諸橋轍次、鎌田正、米山寅太郎の三人による『広漢和辞典』、またそれ以降の大修館書店の漢和辞典を「呪術的」と批判する声をあまり聞かない。まことに不思議なことだと思っている。

また、紹介してきたように、文字学の体系性において、白川静の字説は、際立った一貫性をもっている。その白川の漢字体系に触れた後、他の解字を見ると、それらからは文字どうしのつながりや関係性がわからず、その他の字説は漢字誕生の秘密を解き明かし得ていなかったのではないかと思えてくる。同じように呪術的な解字をしていても、白川静の字説に比べると、『広漢和辞典』やそれに準ずる漢和辞典には、一貫性、体系性において、欠ける部分があるように思うのである。

姉妹編？

大修館書店のホームページを見ると『広漢和辞典』について、「『大漢和辞典』を基本とし、専門家から一般社会人まで漢字文化の研究と理解に必要な漢字漢語を精選」した『大漢和辞典』の姉妹編とある。

『広漢和辞典』巻頭の諸橋轍次の「序」にも、前に紹介したように『大漢和辞典』の「刊成りてのち内省すれば、幾多意に満たぬものを感ずる。これは是非とも機を待って補正すべきだと、第十二巻巻末の跋文に明記した」とあり、さらに「今度刊行することになった広漢和辞典は、大漢和辞典が余りにも浩瀚にして一般の利用には繁に過ぎるであろうかとの見解のもとに、上記補正の作業と関連しながら、更に簡にして要を得、広く現代一般社会人の言語生活にも適合できる辞典をという要望に応えんとして、新たに編纂したものである」と書かれている。

一般には、この「更に簡にして要を得、広く現代一般社会人の言語生活にも適合できる辞典」という言葉から、精選した『大漢和辞典』の姉妹編、つまり『大漢和辞典』のコンパクト版が『広漢和辞典』と受け取られているのではないだろうか。だが、この章に紹介したように、索引からひとつひとつの文字にあたって、それらの対照表を作りながら読み比べていくと『広漢和辞典』は、『大漢和辞典』とは内容を大きく異にする辞典なのである。

そして『広漢和辞典』以降の新たに編纂された大修館書店の漢和辞典は、私がここに挙げた白川文字学の基礎をなすような文字については、なぜか『大漢和辞典』に従わず、白川の文字学の成果によく似たような字説と、私には思われる解字に転換した『広漢和辞典』のほうに従い続けているのである。

近時の甲骨金石学研究

『広漢和辞典』の序をもう少し読むと「近時の研究による甲骨金石学や音韻学の成果をふまえ、漢字の字形や音声の時代的変遷を掲げ、特に音義の類似性に基づく語家族を設定して漢字の語源的説明を詳らかにし」とある。

これは白川静の甲骨金文研究や、また藤堂明保の音韻学などの成果を取り込んだということを記した文章なのだろうか……。私は文字学の研究者ではなく、漢字に興味を持つ記者にすぎないので、それ以上のことはわからないのだが、この『広漢和辞典』の編纂の過程を知る研究者がいたら、「近時の研究による甲骨金石学や音韻学の成果をふまえ」の部分をもう少し具体的に教えていただけたらと願うものである。

漢字の字源研究者だった加藤常賢の『漢字の起源』という字書を読むと、「𠂤」の項目に「白川静教授は『肉塊』の形と見ている。それについても考察を怠らなかったが、次に述べる三文を読んで、さらに考察の歩を進めてみた」という記述が出てくる。

そうして三頁にもわたって、自分の字説と、その根拠と展開を記している。加藤常賢の、その項の結論は白川の字説を採用するものではないが、その字説を批判するにしても、またその字説に同意して採用するにしても、このように名前をちゃんと挙げて、自分の説を述べるのが研究者としての礼であろうし、ルールではないだろうか。

約一千頁にも及ぶ大部な『漢字の起源』の中で、加藤常賢が三頁以上にもわたって字説の理由を記しているのは、この「𠂤」と「法」「巫」などの三カ所ぐらいしかない。その中で、白川静の名前を明記して記述するのは、『漢字の起源』の中でも異例だが、それほど白川の字説が刺激的な内容だったということだろう。

もともと二十年余に及ぶ講義録の謄写版「漢字ノ起源」が、『漢字の起源』として角川書店から出版されたのは、一九七〇年だ。それは白川静が初めての一般書『漢字』を岩波新書として出した年でもある。

知的財産の保護

私は、この章の最初に紹介したように、自分の記事の読者からの疑問に答えたところから、たまたま大修館書店の漢和辞典と白川静の字説の重なりについて知ったのだが、『広漢和辞典』の刊行が始まった直後、白川静のもとに、その研究を支持した人から、これは著作権の侵害ではないかという指摘の手紙が寄せられた。それは『広漢和辞典』の解字のうち、白川静の字説とよく似た字説について文字のリスト付きで送られてきたという。近年のように、知的財産の所有権や保護が、それほどうるさくない時代でも、そのような考えを持つ人がいたのである。

その文字リストを私も見たことがあるが、『広漢和辞典』の上巻部分だけでも指摘された文字は百文字近い。私が記事を書くために『広漢和辞典』以降の大修館書店の漢和辞典を読んでいくなかで、白川静の字説に近い解字ではないかと思っている文字もかなりの数にのぼっている。

私たち記者の世界では、所属部のデスクや校閲部から国語の問題で疑問が提出されると、「『広辞苑』はどうなっているか」と訊かれて、それが判断の材料になる。もちろん『広辞苑』よりすぐれた辞書はあると思うが、それが一般的である。同じように、漢字の問題で疑問が生まれると「諸橋『大漢和』は、どうなっている？」と訊かれる。世界最大の漢和辞典として著者が文化勲章を受章した辞典である。漢字をめぐる問題が生まれると、『大漢和辞典』が判断の基準となるような辞典なのである。

だが、この章に紹介したような重要な文字について、『大漢和辞典』を刊行する大修館書店の漢和辞典は『大漢和辞典』ではなく、『広漢和辞典』に従っているのである。『大漢和辞典』の解字は間違いということなのだろうか。その後の辞典が『広漢和辞典』に従っている理由や、『広漢和辞典』が「ふまえ」たという近時の甲骨金石学研究の成果とは誰の研究のことなのか、その名前を明らかにしないまま甲骨金石学研究をふまえたのはどのような意図なのかなどを『大漢和辞典』や『広漢和辞典』、その後の大修館書店の漢和辞典を担当した編集者たちが、知っているのならば、聞きたいと願っている。

『広漢和辞典』の序で、諸橋轍次は「固より私は老齢その任に耐えないので、私の信頼する鎌田正・米山寅太郎の両君を中心とし、多数の方々の積極的協力を得て編纂をすすめてきた」と記しているし、諸橋轍次は一九八二年には亡くなってしまうので、編纂に深くかかわっていないのかもしれないが、『広漢和辞典』の著者として、その名を連ね、一人で序文まで記しているので、この辞典に関する、新しい字説について、著者としての責任は免れないだろう。

本章冒頭に記したように、白川静は『字統』『字訓』『字通』の字書三部作の、その最初の『字統』を一九八四年八月、平凡社から刊行している。『回思九十年』などにも記されているが、二年ほどの予定で書き始めて、予定通り書き上げたとあって、碩学はすごいものだという伝説のひとつとなっている。

だが『広漢和辞典』の刊行があったのだ。白川静が『字統』をわずか二年で書き上げた動機のひとつに『広漢和辞典』(一九八一―八二年)の出版があったのである。

白川静は昭和三十年代の初めから、ガリ版刷りで『甲骨金文学論叢』として自分の論考を次々に発表(全十集)、さらに関西方面の同好者の会、樸社で行った講義録を基に『金文通釈』(全五十六輯)、『説文新義』(全十六巻)を刊行していった。その地道な研究の末に成り立った自分の文字学とよく似たような字説が、白川静から見れば、しっかりとした体系的なつながりもなく、『大漢和辞典』からの字説の変更の理由も明らかにされないいま、白川静の名前も記されずに、『広漢和辞典』の中に記されていることを知って、白川静は急ぎ、『字統』の執筆を進めたのではなかったか。

第三章　白川静の弁証法的思考

白川静が自分の人生を語った『回思九十年』（平凡社、二〇〇〇年／平凡社ライブラリー、二〇一一年）の「私の履歴書」の中に、こんな言葉が記されている。

「私は学内では、戦前派として常に疎外される立場にあった。私はいつも逆風の中にあり、逆風の中で、羽ばたき続けてきたようである」

あるいは次のような言葉も記されている。

「私の学問は本質的には一種の反時代的な性格のものである」「私は東洋の理想を求め、その歴史的な実証を志して出発した。しかし世の中は、私と全く異なる、逆の方向に進行した。私は崩壊してゆく東洋を目前にしながら、より古く、より豊かな東洋の原像を求めて彷徨した。二十にしてその志を抱いたとすると、今はほとんど七十年である。私の行動は、そのためつねに、反時代的なものとされた」「私は、戦後、最も民主的であるといわれた私の母校では、圏外の人であった。私が何のために中国の古典をよみ、『万葉』をよみ、文字を論じ、漢字制限を批判し、文字文化の回復を論じてきたのか、人々は概ね私の保守性によるものとされていたようである」「私のこの履歴書は、その意味では、時代に逆行した、一読書人の手記ということになろう」

「概ね私の保守性によるものとされていたようである」ということは、実際は「私は保守的ではない」ということを述べているわけであり、自分の思想の根源に東洋の回復を目指し、豊かでダイナミックな未来性を抱いて、「逆風の中で、羽ばたき続けてきた」ということだろう。これは、そういう白川の思いがよく表れている言葉である。そのことは、この本の他章でも紹介したいと思うが、ここでは白川の「逆風」「逆行」「反時代的」の言葉の中にもある、「逆」と「反」という思考について、考えてみたい。

否定者によって、止揚される

同じ「私の履歴書」から、これから述べたいことに関係する部分をひとつだけ紹介しよう。著書『孔子伝』に触れたところで、白川はこんなことを書いている。

孔子を書くことは、かねてからの念願であった。敗戦のとき、論語と聖書とを手近において、折にふれて読んでいたからである。東洋にとって、孔子を欠かすことはできない。儒教はどうして生まれたのか。孔子はどのようにしてそれを組織したのか。儒教がその教条主義にも拘わらず、滅びなかったのはなぜか。それはむしろ儒教の否定者によって、止揚されたからではないか。そのようなテーマを、私は敗戦のときから考え続けてきた。

「否定者によって、止揚されたからではないか」という言葉には、明らかに弁証法的な白川静の思考法が表れているのではないかと、私は思う。実際、白川が書いたものを読んでいくと、たびたび重要なところで、この「弁証法的」という言葉に出合うし、「弁証法的な思考」の展開に出合うのである。それは「白川文字学」と呼ばれる白川静の文字学研究の根柢にある思考法なのではないかと思うので、そのことをここで考えてみたいのだ。

たとえば、白川静は大部な字書『字統』『字訓』『字通』を一人で書き、その業績で文化勲章を受けた偉大な文字学者ということになっているが、この三冊の字書の特徴を見てみれば、『字統』は漢字の字源的な成り立ちを記した字書であり、次の『字訓』は反対に日本語の語源的考察と、漢字という外国の文字を取り込んだ日本が、その漢字を自分たちの言語の中にどのように生かし、定着させていったかを記した字書である。

さらに最後に著された『字通』はそれらを総合させたような字書となっている。『字通』では、まず各漢字の古代文字が紹介され、その字源的考察が記されており、さらに現在の日本における「訓義」が記され、加えて日本人がそれを古来どのように読んできたのかを示す「古訓」が列挙されている。また漢字の「語系」が加えられて、漢字の用語例に引用されている中国の文章は、すべて日本語による読み下し文として紹介されている。

つまり『字統』『字訓』『字通』の関係は、『字統』を「正」（テーゼ）とすれば、『字訓』

は「反」（アンチテーゼ）としてあり、『字通』はそれらを止揚し、統合した「合」（ジンテーゼ）のようにある。私は、このような白川静の仕事の根柢に、常に否定的・批判的な契機を持ちながら、弁証法的に展開していく思考があって、それがダイナミックな反転性に富む、白川静の文字学を展開させている原動ではないかと思っている。『字統』『字訓』『字通』の三つの字書は、そういう思考の大きな成果として、存在しているのではないかと考えているのである。

弁証法的思想家

白川は『漢字百話』の中で、漢字がさまざまな意味を持つようになることについて、字の多義化は、古い資料においても、主として仮借（文字の音だけを借りて、別な意味を表す用法）や同音通用によっていることを記し、それらは文章言語としての、単音節語である漢字に特有の現象とみてよいこと、近似音の字を、当字《あてじ》として用いるから起きることであるとしている。そして、さらに次のような言葉を加えている。

厳密にいえば、ことばとしての意味体系が成り立つことがまた弁証法的であり、従って漢字の場合その文字体系の成り立つことがまた弁証法的である。その意味体系の変革がまた弁証法的であり、それによる新しい表現の創作もまた同様の過程においてのみ成立する。思想的言語の創出者であった孔子も荘子も、そのような意味ではともに弁証法的思想家であった。

ここに、弁証法的思考に対する白川静の並々ならぬ思いが語られていると言っていいだろう。

さらに「語は外延的に多義化するとともに、内面的にも深められる。その内面化を深めるのは文字表記においてであり、「形による言語」として定着された字の形象性を通じて内包の深化を可能にする」とし、具体的な例に「道」という文字を挙げている。「道は道路の意にすぎないが、これを仁義道徳のように実践倫理の意とするのは、字義の内面化である」というのだ。

「除道」の文字

この「道」の文字の成り立ちは、白川静の文字学の中でも最も有名な字説のひとつなので、ここで「道」につながるいくつかの系列文字を紹介しておこう。

安全な〈自分たちの共同体〉と〈外部の共同体〉とを結ぶ「道」は、古代中国ではたいへん危険な場所だった。途中の地下には邪悪な霊が潜み、〈自分たちの共同体〉以外の〈外部の共同体〉に通じる「道」は危険だったのである。

この危険な道に関係した文字が「道」である。「道」は「辶」と「首」を合わせた文字だが、その「道」になぜ「首」があるのか、そんなことを考えたのが、白川静なのである。

これは捕まえた異族の首を切って、その怨みの力で道に潜む邪霊をお祓いしながら道を進んだことを示す文字である。「辶」は「彳」と「止」を合わせた「辵」のこと。「彳」は十字路を表す「行」という字の左半分の字形だ。「止」は足跡の形で、歩いていく意味。その二つを合わせた「辶」は「道を歩いて行くこと」を表す字形である。

現在の「道」には「手」が含まれていないが、古代文字には「首」を持つ「手」がちゃんと書かれたものもあった。今の字形で「道」に「手」を加えたのが「導」である。「寸《すん》」は「手」を表す字形である。つまり「首」を携えている形が「導」であり、これによって通行しうるものを「道」と言うのである。

「道」の字の成り立ちには、現代社会から考えると、残酷極まりない行為が反映しているが、これは三千年以上前の古代中国でのおこないであることを忘れてはいけない。

道［金文］

首［金文］

導［金文］

寸［篆文］

余〔金文〕 

除〔石鼓文〕 

その「道」につながる考え方の文字に「徐」や「除」がある。「徐」の右側の「余」には二つの意味がある。ひとつは旧字「餘」が示しているように食べ物が「あまる」意味。もうひとつの意味は取っ手のついた長い針のこと。「徐」の「余」は、後者の取っ手のある長い針の意味のほうである。「徐」の「彳」のほうは、前述したように道路の十字路・四つ角の左半分の形。つまり「徐」は道路に、取っ手のある長い針「余」を刺して、地下にいる邪悪な霊を除《のぞ》き、その道を安全なものにすることを表す文字である。そこから「やすらか」「ゆるやか」の意味となった。

「除」の「余」も取っ手のある長い針のことである。「除」の「阝」は神が天と地を昇降するための階段（または梯子）のこと。その階段（または梯子）から地上に神が降りてくる。その天から降りてくる神を迎える土地に、取っ手のある長い針「余」を刺し、地下に潜む邪悪な霊を除去して、新しい聖地としたのである。それを表している文字が「除」であり、そこから「除」が「のぞく」の意味となった。

このように「道」に潜む邪悪な霊を除く行為を示すことを「除道」と言う。「道」「徐」「除」は「除道」に関係する文字である。

中国の形而上学的思惟の創始者・荘子

つまり「道」という文字は、異族の首を携えて、未知の地に赴くときの「道の修祓《しゆうふつ》」「道のお祓い」を意味する文字だったのだが、その道路のことである「道」を、われわれは「道徳」など内面的な概念にも使っている。これが白川の言う「字義の内面化」である。

白川によれば、そのように道徳的な実践に結びつけた用義例は、青銅器に鋳込んだ文字である金文には、まだ現れておらず、「道」を存在への認識の仕方や、さらに実在そのものとする形而上学に発展させたのは、もっと後の時代で、荘周（荘子）一派の哲学であるという。

荘子は中国、戦国時代の思想家で紀元前四世紀後半の人だが、その荘子の言葉を集めた『荘子』の「天下篇」の次のような言葉を、白川静は『漢字百話』の中で引いている。

寂漠にして形なく、變化常なし。死なるか、生なるか、天地は竝べるか、神明は往くか。芒乎《ぼうこ》として何《いづ》くにか之《ゆ》かん。忽乎《こつこ》として何くには適《ゆ》かん。萬物畢《ことごと》く羅《つら》なるも、以《とも》に歸するに足るものなし。古の道術是《ここ》にあるものあり。荘周その風を聞いてこれを悦《よろこ》ぶ。

現代語訳：静まりかえって形もなく、たえず変化して定まった姿もない。死んでいるのか、生きているのか、それさえはっきりしない。天地と並んで永遠の世界にあるのか、それとも神霊とともに不可思議の境地に向かうのであろうか。どこに向かうのか定めもなく、どこに行くのかあてもない。万物は無限に連なっているとはいえ、どれ一つにも自分の身を託すだけの価値を見いださない。上古の道術のうちには、このような自由無碍の立場を重んずるものがあった。荘周は、このような教えを聞いて喜び……。

（森三樹三郎訳『荘子Ⅱ』中公クラシックス）

その上で、白川は「荘子は中国における形而上学的思惟の創始者である。そして思想の実体が道術という語で示されているのは、興味深い。道も術も、いずれも道路における呪的行為に由来する語」であるとし、「道路から道徳へという意義の展開ではなく、道術から道徳へなのである。それは原始宗教から形而上学へという昇華であった。荘周の徒が、かつてこの原始宗教の世界にあって観想をつづけていた司祭者の徒であることは、ほとんど疑いがたいように思われる」と書いている。

道路における呪的行為

「道も術も、いずれも道路における呪的行為に由来する語」と白川が述べているので、その「術」の成り立ちについても、簡単に紹介しておこう。

「術」の「朮」は呪霊（霊の力）がある獣の形。「行」の部分は、前記したように大きな道が交差する十字路の形だ。十字路はいろいろな霊が行き来する場所で、その道路で、霊の力がある獣を用いて軍隊を進軍させるかどうかなどを占っている文字が「術」である。

その「呪術」の、わざを「術」と言う。確かに「魔術」「忍術」などの「術」には、この世のもの以外の力、超常的な力を感じさせるものがある。「医術」「芸術」「話術」など、現代でも広範囲に使われる文字であるが、それらの言葉のどこかにも呪的な意味が込められているのかもしれない。

道路で、霊の力がある獣「朮」を用いて軍隊を進軍させるかどうかを占った字が、日頃使う文字の中に、もうひとつあるので、それも紹介しておこう。「述べる」の「述」である。この「辶」は道路を行くことを表す字形。道路で霊の力がある獣「朮」を使って占い、その決定に従うので「述」には「したがう」の意味もある。

『論語』に「述べて作らず」という言葉がある。古典に従って、そのままに言い、自ら

朮［甲骨文］

術［篆文］

述［金文］

創作することをしないという意味の言葉だ。この「述べて」が「したがう」ことから「前の通りにいう、のべる」の意味となったのだと、白川は字書『常用字解』に記している。

「道術」から「道徳」へ

そこで、「道」という文字に戻ると、異族の首を携えて、未知の地に赴くときの道の修祓を意味する「道」を、道路のことだけでなく、いま「道徳」など内面化した概念を持つ文字として使っているわけだが、それが「道路」から「道徳」へという展開ではなく、「道術」から「道徳」へという展開だというのである。その原始宗教から形而上学へ、という昇華について、荘子の果たした役割に白川静は注目しているのだ。

さらに白川は「道徳は真なるものへの、否定的媒介者にすぎない。このようにして古代の弁証法的思惟は、荘子の実存的思索のなかから生まれてくるのである」と記した。この言葉の意味することが、実にダイナミックな反転性を含んだ弁証法的思考の展開で、白川の文字学の中でも最も白川らしい思考法の特徴が示されているのではないかと、私は思っている。

その思考の特徴をよく表している文字を一字挙げれば、それは「眞」（真）という文字である。「道徳は真なるものへの、否定的媒介者にすぎない」と白川静が述べた「眞」（真）

の文字についての字説である。

眞（真）とは顚《たお》れたる人であり、道傍の死者をいう。この枉死者の霊は瞋恚《しんい》にみちており、これを板屋《ばんおく》（殯宮）に寘《お》き、これを道傍に塡《うず》め、その霊を鎮《しず》めなければならない。その怨霊が再びあらわれて禍することなからしめること、それが鎮魂である。

（「永遠の生」『漢字百話』）

この路傍の顚死者・枉死者（行き倒れの死者）から、どうやって、「真実」「真理」「真人」などの「まこと」の意味が生まれてくるのだろう。

転倒した死者

読者の理解のために、まず「眞」（真）の文字の成り立ちについて記しておこう。

「真」の旧字「眞」は「匕《か》」の下に「県」の字を合わせた形である。「匕」は人が倒れた姿で、人の死を意味している。この「匕」に「亻」を加えた字が「化」（化）だ。

「化」の古代文字を見ればわかるが、左側に人の姿があり、右側にそれが上下逆転した形がある。それが組み合わさった字形が「化」の古代文字。これは転倒した死者の姿を表している。つまり「化」の「かわる」という意味は、単に変化するという意味ではなくて、「人が死者に変化する」ことである。

「眞」の下部は「県」。その「県」の下部は今は「小」の字形だが、これは、もともとは「巛」の形だった。この「巛」は髪の毛が下に垂れ下がった姿である。つまり「県」は人の首が逆さまにかかっている姿の文字なのである。その「県」の旧字「縣」は「県」と「系」を合わせた文字。「系」は紐のことで、「縣」(県)は、木に紐で首を逆さまにぶら下げている姿である。木に首を逆さまにぶら下げていることから「かける」の意味があるのだ。

首を木にかけるなんて、本当だろうか？　そう思う人もいるだろう。だが「縣」(県)の古代文字を見れば納得してもらえると思う。まさに「木」にかけられた「首」の形なのである。漢字は、怖いなと正直、思う。だが、これは三千年前の古代中国のおこないから生まれた字なのである。「道」の文字を紹介したときにも記したが、現在の価値観だけで考えてはいけない。

その「縣」(県)が後に行政単位の県の意味に使われるようになり、「縣」に「心」を加えて「懸」の文字が別につくられた。「懸」は「あることに心をかけて懸念する」意味の文字である。

以上説明した「県」と「匕」（死者の転倒した姿）を合わせた「眞」（真）は不慮の災難で亡くなった行き倒れの人、枉死者（横死者）のことである。

「眞」（真）が不慮の災難で亡くなった行き倒れの人を表す文字であることがわかると、「眞」（真）を字形の中に含む文字をいっぺんに理解することができる。

不慮の死者は無念な気持ちが強く、その死体からは強い怒りが発せられている。その死者をちゃんと埋葬し、怒りを鎮めることが大切だったのだ。

ピストルなどの弾をつめる「充塡」や「装塡」などの熟語に含まれる「塡」は「眞」に「土」を加えた字である。これは行き倒れの死者である「眞」の強い恨みの霊を「土」の中に埋めることから、「塡」に「うめる」「ふさぐ」の意味があるのである。

さらに不慮の死者の耳に宝石をつめて、その強い恨みを持つ霊を鎮めた文字が「瑱《てん》」である。つまり「瑱」は死者の霊を鎮める宝石のことで、意味は「みみだま」である。

そのみみだま「瑱」などで、行き倒れの人の強い恨みを鎮める字が「鎭」（鎮）。霊を鎮める意味から「鎮圧」など軍事的に支配する意味にも使われるようになった。

また行き倒れの人の霊を鎮めるときには、死者の霊に対して丁重な気持ちで行った。そ

眞（真）［石鼓文］

化［金文］

縣（県）［金文］

の丁重な心を「愼」（慎）と言う。意味は「つつしむ」だ。

白川静が「枉死者の霊は瞋恚にみちており」と記した「瞋恚」（怒ること）、「瞋目《しんもく》」（目を怒らすこと）などの熟語に使われる「瞋」も「眞」の系列漢字である。意味は「いかる」。行き倒れの人が目をむいて激しい怒りの気持ちを表す姿からきた字である。

もうひとつは「顚」。倒れることの「転倒」や気が「動転」することを「顚倒」「動顚」とも書く。「顚」の「頁《けつ》」は儀式を行っている際の「顔」のことである。この場合は不慮の死で倒れた人を拝む姿で、「顚」は「たおれる」「さかさま」の意味である。

これは現代ではあまり使う文字ではないが、枉死者を「板屋（殯宮）に寘き」と白川静が記している「寘」についても説明しておこう。

「寘」は「宀」と「眞」を合わせた文字。「宀」は「廟《みたまや》」のこと。「眞」は顚死者のこと。つまり行き倒れの人は強い恨みの霊を持っていたので、丁重に葬った。その埋葬のことを「寘《お》く」と言うのである。訓義としては「おく、案ずる、霊をやすめる」の他に「いたす、おさめる、みたす」、さらに「すてる、いれる」などがある。

古代中国最高の思想「真」

さて、以上紹介したような「行き倒れの死者」を表す「眞」（真）の字が、どのような思考によって「まこと」の意味となるかである。

白川静『字統』の「真」の項を見てみると「この真の字は経籍にほとんど見えず、「老子」「荘子」の書に至ってはじめてみえる。「荘子、大宗師」に「眞人有りて、而《しか》るのち眞知有り」、また「荘子、秋水」に「是を其の眞に反《かへ》ると謂《い》ふ」など、存在の根源、その根源に達したものの意に用いるのは、おそらく宗教者の立場においてえられたものであろう。荘子学派は、古い司祭者の伝承の上に立つものであろうと思われる」と記されている。さらに白川静は、その荘子学派が生み出した「真」の思想は「中国の古代思想が達しえた、最もすぐれた理念の一であるが、のち道教の徒によって著しく世俗的なものとなった」と加えている。

この行き倒れの死者を表す「眞」（真）から、どうして「中国の古代思想が達しえた、最もすぐれた理念」が生まれてくるのか。この反転性に富む考え方が白川静の弁証法的思考を一番特徴づけていると思う。

行き倒れの人の姿と「眞」（真）という概念が、なぜひとつに結びつくか。それは、死者の世界を大切にしていた人によって考え出された思想だからである。

『字統』の「存在の根源、その根源に達したものの意に用いるのは、おそらく宗教者の立場においてえられたものであろう。荘子学派は、古い司祭者の伝承の上に立つものであ

久［篆文］ 

ろうと思われる」と白川は記している。つまり、荘子は司祭者につながる人、死者の世界を大切にする人だからこそ、行き倒れの死者を表す「眞」（真）から、「真人」「真知」の「まこと」という「中国の古代思想が達しえた、最もすぐれた理念」を生み出せたと白川は言うのだ。

さらに『漢字百話』の「永遠の生」の中でも「眞」（真）のような「この語に、究極的な悟達をいう真人・真知というような高い形而上的意味を与えうるものがあるとすれば、それはそのような死霊の世界に何らかの意味で関与する宗教者でなくてはならない。荘子はおそらく、葬祭のことを主とする儒家とは異なって、天人の際（神と人）のことにかかわる司祭者の階層に属する人であろう」と白川は記している。

そして「顚死者より永遠の生としての真なるものへという、この大転換のうちには、明らかに、弁証法的思惟がはたらいている」と述べているのである。

これは荘子の思考法を述べているわけだが、同時に白川静自身の思考法を述べていると考えていいだろう。

白川の思考が常にダイナミックな反転性に富み、より高い形而上学的な意味に読者を誘うのは、常に否定し、止揚して、統合に向かうという、この独特な弁証法的思考に、白川の学問が貫かれているからである。

ちなみに「永久」「久遠」の「久」の文字も「死体を後ろから木で支えている形」である。その「久」を「匚」の中に入れて「木」を加えた文字が「柩」だ。「匚」は箱のことで、「柩」は木偏なので、木製の箱で、「永久の人」を「木」の「箱」に納めた姿のこと。そこから死体を納める木箱「ひつぎ」の意味となった。

人間が死ぬと「永久の人」「久遠の人」になると考えて、「ひさしい」の意味が生まれたわけだが、ここにも反転して統合されていく字説の展開がある。死体はやがて、朽ち果てて消えていくわけだから、本来は「永久」の意味になるはずがない。だが古代中国人たちは、そのやがて消滅してしまう人の死体から「永久なもの」「不滅なもの」を見出そうとしたのだ。古代中国の人たちが、死の中に積極的な意味を見出そうとしたことに深い思想を白川静は感じていた。「久」の文字の意味の展開には、「眞」（真）の文字と同じような考えが宿っている。

「殺される王」

東洋文庫の『甲骨文の世界』（平凡社、一九七二年）の最後には、甲骨文字を生み出した殷が周に滅ぼされた後、殷の余民が移された「宋」の地についてのことが記されている。

殷の最後の王、紂《ちゅう》の庶兄として賢者の誉れ高き微子の子孫が「宋」に封じられた。周は殷王朝の子孫を滅ぼすことなく、その祭祀を守らせ、新しい周の王朝には、その祖神を客神として奉じ、王朝の祭祀に参加させるのが古くからの例とされたようだ。つまり宋は殷の末裔たちの国であり、そこには殷の古い伝統がそのまま伝えられた。この敗残の民は、周辺の周系の国々とは、はなはだ異なるものとして扱われ、彼らもまたその古い伝統を頑なに守ろうとした。

古い伝統を頑固に守ろうとした例として、白川静は、巫祝長たる王自らが焚殺される伝統の踏襲を挙げている。

古代中国の殷王朝の王は神聖王として、神事をつかさどる巫祝の長として、国の祭祀を執り行う存在だった。そして旱魃の際、巫祝がいくら祈っても日照りが続いて、雨が降らない場合は、祈る巫祝自身を焚殺して祈るという行為が行われていた。そして巫祝長である王も、いよいよの時には焚殺される運命にあったのである。

殷王朝を創始した王とされる湯《とう》もまた巫祝王で、湯王の時代に七年にわたる旱魃が続いて、地上では金石も溶けて流れ、すべてのものが生色を失ってしまったとき、湯王はこれを救うため、髪を断ち、爪を剪《き》り、潔斎して積み上げた薪の上に座って、自ら身を焚《や》いて、雨を降らせようと、桑林《そうりん》の社《やしろ》に祈った。桑は古代中国の聖なる木で、桑林は聖地のことだ。そして、王が自ら身を焚いて、雨乞いをする準備がすべて整ったときに、にわかに雨が降ってきて、地上はよみがえったという。

殷の末裔たちの国である宋の景公（？―前四五三年）の時にも、また大旱魃があって、景公は自ら薪を積み上げて、その上に座したが、そのとき、やはり大雨が降り出して、王が焚殺されることはなかったという。宋には、殷の古い伝統がそのまま伝えられ、周辺の周系の国々とは、はなはだ異なり、彼らが古い伝統を頑固に守ろうとした例である。

白川静と村上春樹の関係について述べた第一章で、白川の『中国古代の文化』に「殺される王」という項があり、そこで白川はフレーザー『金枝篇』を引用して、古代の王たちが呪術師であり、最後には犠牲として殺される運命にあるものだったと記していることを紹介した。「殺される王」とは『金枝篇』の中の言葉である。そして村上春樹も『1Q84』の中で『金枝篇』のことを述べ、殺される王について紹介している。さらにカルト宗教集団のリーダーに「あなたは王になった」のかと青豆が問うと、「王ではない。〈声を聴くもの〉になったのだ」とリーダーが答える場面もあることを紹介した。

白川は『中国古代の文化』などでも、古代中国では、王は神に仕える巫祝（聖職者）の長であり、神と交信・交通ができる者として、自分の権力を形成していることを述べ、占いで、神と交信して、神の声を聴き、その聴いた神の声を記録するために生まれた道具が、後に漢字と呼ばれる文字であることを記していた。つまり「王」はまさに〈声を聴くもの〉だったのだ。

その「古代の王」〈声を聴くもの〉は、巫祝長として、いくら神に祈っても日照りが続き、飢饉がやって来ると、〈声を聴くことができないもの〉とされ、いよいよの時には焚殺される運命にあった。殷の湯王の話や宋の景公の話は、この古代の王の姿を今に伝えている。

焚殺される巫祝

ちなみに、この巫祝の焚殺に関する文字は、われわれが日常使う漢字の中にもたくさんあるので、その一群の文字について紹介しておこう。

まず「嘆」(嘆)「歎」という文字が、その焚殺される巫祝を文字にしたものである。「嘆」「歎」はともに「なげく」意味の漢字だが、「嘆」「歎」の字形に含まれる「𦰩」は、雨を求めて、神への祈りの言葉を入れた「𠙵《サイ》」を頭の上に載せた巫祝が、前に手を交叉して縛られ、下から火で焚き殺されている形である。それにさらに「𠙵《サイ》」を左に加えた文字が「嘆」で、祝詞を唱え、雨乞いのために焚殺される巫祝が、雨が降るように神様に「なげき」訴えるという文字である。「歎」の「欠」は口を開いて立つ人の側身形で、そのなげき訴える巫祝の姿である。

「堇」も「莫」と同系統で、巫祝を焚殺することを表す文字である。「堇」の古代文字を見ると、両手を交叉して縛られた巫祝が、下からの火で焚かれている姿がよくわかる。飢饉で行き倒れて死んだ者を土中に粘土で厚く塗り込めて、邪霊を封じた。「堇」はそれを示す文字で「ねばつち、ねる」の意味がある。

この「堇」を含む飢饉関係の文字はたくさんある。

まず飢饉の「饉」である。雨が降らず飢饉となったので、巫祝を焚いて祈るのが「堇」で、それと「食」を合わせた「饉」は凶作のことである。

行き倒れの者を葬り、邪霊を封じるために祈ることを「謹」と言い、「つつしむ」意味となった。また「僅」も「凶作」のときに穀物の実りが僅《わず》かという意味であるし、さらに「勤」の「力」は鋤の形で、「勤」とは飢饉を救うための農耕に勤労することだった。

堇〔甲骨文〕

饉〔金文〕

勤〔金文〕

殷の末裔、司祭者の系譜

周によって滅ぼされた殷の人たちが移された「宋」の地では、これらの飢饉の際に行われた祈りの在り方を示す文字に表れているような古代中国・殷王朝の古い伝統が頑固に守られていたのである。

そして、白川は『甲骨文の世界』の最後に、こんなことを書いている。殷の末裔としての宋の文化について、「おそらく否定の精神、殊に周的な礼楽文化に対する、頑固なまでの拒否であったようである。荘子が説く価値の転換と対立者の超克、老子のいう謙下不争と小国寡民の思想は、身分制的な儒教の思想に対して、氏族社会的な伝統の中から、戦国期における思想活動のるつぼを通じて形成されてきたものであろう。それは当時の社会の現実からいえば、敗北の思想であり底辺の思想であるが、したがってまた人間存在の根柢に連なるものをもつ」と。

「行き倒れの人」の姿と「眞」(真)という概念が、荘子のような、死者の世界を大切にしていた人たちによって考え出されたわけだが、その荘子は殷人たちの末裔の国、宋国の蒙(河南省商丘市)の生まれである。

否定の精神、価値の転換と対立者の超克、敗北の思想、底辺の思想……。これらは荘子たちを通して、宋の国の人たちを通して、殷の文化とつながり、それはまた白川静の思想ともつながっているのだろう。荘子が、呪的な要素が強い殷の文化とつながった宋の人であるから、死霊の世界に関与して死者を大切に思う気持ちが生まれたのである。それとともに荘子は神に祈ることにかかわる司祭者に属する人であったろうから、あのような高い形而上学的意味を死者に与えることができたのだろうと白川は考えていたのだ。

「手かせ」と「幸」

私が初めて、漢字の成り立ちについて教えてもらうために取材した際、白川は『荘子』の冒頭にある「北冥に魚《うを》あり、其の名を鯤《こん》と爲す」で始まる、有名な「逍遥遊篇」第一の文章を長々と諳誦してみせた。「とても、好きですね」と語ってもいた。

白川に『孔子伝』という代表作があるのも事実だし、孔子は理想が高く、意欲ある狂狷の人を愛した。白川も「狂者は進みて取り、狷者は爲さざる所有るなり」（狂者は理想が高くて意欲的であるし、狷者は節操がかたく悪いことをしない）という孔子の考えを愛し、特に「狂」という文字を好きだったことも事実である。このことは、第一章の栗田勇『一休 その破戒と風狂』と、白川の文字学との関係を紹介したところで詳しく述べた。

このように「狂狷の人」を愛した孔子を、白川が好きなのはその通りなのだが、白川の本を読めば読むほど、白川文字学の中での荘子の思想の重要性が伝わってくるのである。

幸〔甲骨文〕  執〔甲骨文〕  報〔甲骨文〕  服〔甲骨文〕 

『常用字解』の編集協力者などでもある津崎幸博（夫人は白川静の長女・史）に会った際、白川静には弁証法的思考があったと思うが……という質問をすると、「日常的には、あまり直接に「弁証法的」という言葉は使わなかったが、たとえば「眞」（真）に関係した漢字と荘子学派のことなんか、そうではないですか」と、私と同じ考えが返ってきた。

その他にも、津崎幸博が白川静と接していた体験では、「幸」という文字の字形と、その意味の解明には、弁証法的に反転して思考を進める白川を感じるという。

「幸」は、現代で言えば手錠、古代中国の手かせの形である。古代文字を見れば手錠・手かせの形であることがよくわかる。

そして、この「幸」を含む字の多くに手錠・手かせの意味があるのだ。「執」の「丸」は、元は「丮《けき》」という字形。この「丮」は両手を差し出している形で、両手に手かせをはめた姿が「執」である。罪人をとらえる意味で、後にすべてのものを「とらえる」「とる」意味になった。

「報」にある「幸」も「手かせ」の意味。「報」の右側の字形「𠬝」は、ひざまずいている人を表す「卩」に「又」（手）を加える形。これはひざまずく人を押さえる姿で「服従」

の「服」の元の字である。この「𠬝」と「幸」を合わせた「報」は、両手に手かせをはめている者を後ろから押さえる形だ。犯罪に対する報復的な行為で、それを「報」と言う。ここから「お返しする」「むくいる」意味になった。

それならなぜ、手かせである「幸」が「しあわせ」「幸福」となるのか。そこを考えていく力に、白川の弁証法的思考がある。

つまり古代中国では、非常に多くの刑があったのだが、そのなかで生命や身体の一部を失うことがない「手かせ」をはめられて、手を使う自由だけを奪われる刑である「幸」は、「しあわせ」だったからである。

「こういう字説を立てていく白川静には、反対側のものを考えて、そこから系列的な文字を統合する意味にまで高めていく思考があったと思う。そこに弁証法的思考の一面を感じます」と、津崎幸博は語っていた。

「批判について」

『孔子伝』の第四章「儒教の批判者」の初めに「批判について」という項がある。その冒頭に、こんなことが記されている。

批判とは自他を区別することである。それは他者を媒介としてみずからをあらわすことであるが、自他の区別がはじめから明らかである場合、批判という行為は生まれない。批判とは、自他を包む全体のうちにあって、自己を区別することである。それは従って、他を媒介としながら、つねにみずからの批判の根拠を問うことであり、みずからを批判し形成する行為に外ならない。思想はそのようにして形成される。

さらに、次のようなことも加えられている。

そのような思想の展開の中で、孔子の思想は、多くの場合、批判の対象であり、また再批判の根拠とされた。圏外の思想といわれる荘子の哲学においても、孔子は明らかに媒介的な役割をになっていたと思われる。あるいはむしろ、荘子の思想を巻懐《けんかい》者の系譜の中でとらえることができるとすれば、それは孔子の晩年の思想の、正統な継承であり、展開であったとさえいえよう。

この「巻懐者」について、白川静は同書第三章「孔子の立場」の最後に、「巻懐とは、所与を超えることである。そこでは、主体が所与を規定する。それは単なる退隠ではなく、敗北ではない。ましてや個人主義的独善ではない。その思想は、やがて荘周によって、深遠な哲理として組織される。儒墨が儒侠・墨侠に堕落してゆくなかで、巻懐者の系譜はまた、思想史的に大きな役割をもつのである」と記している。そして「孔子がその没後においても、つねに時代の批判の中にあるということは、その歴史的な役割がなお生きているということであり、その歴史的人格が、さらに成長をつづけているということである」という言葉も「批判について」にあるのである。

これら「批判について」の文章を読むと、白川における許慎『説文解字』への厳しい批判と、一方での許慎への非常に高い評価の共存が、わかるような気がしてくる。最終章で詳しく述べたいが、敬愛し私淑する内藤湖南への批判も、よくわかるのである。

ときに、白川静の批判は厳しい。だが、その批判は、自他を包む全体のうちにあって、自己を区別することなのだ。他を媒介としながら、常に自らの批判の根拠を問うことなのだ。思想はそのようにして形成されるのである。自他の区別がはじめから明らかである場合、批判という行為は生まれないのだ。

別な言葉で言えば、他者への批判も、自分への批判として、弁証法的思考に展開しているし、そこから止揚されていくという動きの中に、白川静の文字学はあるということである。

「くわだてる」と「企」

この章の最後に『字訓』という字書についても記してみたい。

日本語と漢字の関係を考えたとき、最も不思議なことは、辻原登も述べていたことだが、なぜ文字を持たなかった日本語の声の言葉が、漢字という文字と出合い、それを国字として取り入れ、国語の中に生き続けさせることができたのかということである。

これについて、白川は、そのようなことを成り立たせた、つまり「語の形成の基盤をなした、その原体験の性格や発想の方法については、風土やその生活様式の近似したものに、本来類同性とよぶべきものがあるのである」と『字訓』冒頭の「字訓の編集について」の中で書いている。

『字訓』は、白川静が求め続けてきた「東洋」の回復のための、共通する「東洋の原像」を探るための仕事なのである。

たとえば、「企画」の「企」という漢字は「くわだてる」と訓では読む。日本語の「くはたつ」の「くは」は鍬のことである。足でいえば、かかとから爪先《つまさき》までの部分が、鍬の平らかな刃の部分にあたるので、鍬腹《くわはら》という。かかとから先を、また「くは」という。遠くを望み見るとき、そこを立てるのが「くはたつ」で、かかとをあげ、背のびして見ることをいう。

これに対して、漢字の「企」は「人」と「止」を合わせた文字。「止」は足跡の形で、人足の意味である。つまり「企」は横から見た「人」の形の下に「止」(足)を加えて、人が爪先立ちして遠くを見ている姿のことで、そこから「つまだつ、のぞむ」の意味となった。人がこの姿勢をするときは、他に対して何かを企てるときであるから、「企」は「くわだてる」の意味となったのである。

日本語の「くわだてる」の古語が「くはたつ」で、かかとをあげて爪先で立つことであり、何かをたくらみ、計画するという意味に使われる。そして漢字の「企」も「企立」(かかとをあげて立つこと)から「企画」(計画を立てること)となっていった。「くはたつ」が「くはだて」となるのと、「企」が「企画」「企図」の意味となるのと、「その語義の展開するしかたも全く同じである」と『字訓』の「くはたつ」の項にある。

これは、日本語と漢字が最も類同を持っている例かもしれない。『字訓』は、もちろん日本語と漢字の語源の同一性を探ったものではない。しかし、その仕事には両者の類同性が常に意識されていたことは間違いないだろう。

企〔甲骨文〕

思〔篆文〕 念〔金文〕 懐〔金文〕 想〔篆文〕

原始語の日本語、ニュアンス豊かな日本語

また声の日本語が、漢字という文字を取り入れることによって、その意味を広げ、内面化して、抽象性を高めていったことも事実である。

その例として、白川がよく挙げたのは「おもふ（おもう）」という言葉である。私が白川を初めて取材したのは、二〇〇二年十月のことだが、そのときにも、この「おもふ（おもう）」の話となった。

「日本語は非常に素朴な表現が多い。たとえば「おもふ（おもう）」という日本語には、モノを考えるという意味はないんです。「おも」は面《おも》で、顔のこと。それが動詞化した「おもふ」はうれしいことや悲しいことが「ぱっと、顔に出る」という意味です。

漢字の「思」の上の「田」は頭脳の形で、頭で思惟することの意。「念」の「今」の部分はモノにふたをする形で、じっと気持ちを抑えている意味。「懐」は死者の衣の襟元に涙を落として哀悼すること。「想」は茂った木を見ると心に勢いが出てくる。つまりモノを見て心が動くことの意味です。それらの漢字を今、われわれはいろいろな「おもう」に使っている。顔にぱっと出るという単純な言葉だった「おもう」が、漢字に触れてぐっと

深化した。そうでなかったら日本語は概念化する言葉を持ち得ず、原始語のままだった。つまり日本人は漢字を媒介にして知性度を高めてきた。だから今の活字離れが重大な問題なのです」と語っていた。

だが、続けて、白川静はこうも語った。

「でも、それならば日本語は駄目かというと決してそうではない。たとえば、漱石の『吾輩は猫である』。「吾輩は」という語感はどんな外国語にも訳せない。こんなに多くの一人称を持つ言語はありません。「猫である」の感覚も独特です。「猫だ」でも「猫です」「猫であります」でもない。これほど豊かなニュアンスを持つ言語は珍しい」

原始語のような日本語について語ったと思うと、反転して、豊かなニュアンスを持つ日本語について語る。この思考ぶりに、白川静の面目躍如たるものを感じる。

どんどん原稿がふくらんで

今では『字統』『字訓』『字通』の字書三部作と言われているが、実はこの『字訓』、当初はもう少し小さな本として、白川静の心に内にあったようだ。

津崎幸博によると、『字統』の仕事が一段落した頃、白川から、次の本の話を聞いた。「国語が漢字を国字として取り入れた。それが可能だった具体的背景があるはずだ。新書判程度で、二、三十の言葉の語源説と漢字の字源説をとり挙げて、小さな本として出す」という。

自分のものとよく似た字説が、白川静の名前もないまま、体系的でもなく、使われているように見える諸橋轍次・鎌田正・米山寅太郎著『広漢和辞典』が刊行されていた。それに論争を挑むかたちではなく、自分が解明した漢字の体系的な成り立ちの世界を誰でもが読めるような字書の形で刊行したい。そう思って、急ぎ記して、刊行した『字統』が、白川自身も驚くほどの反響を呼び、『字統』用の特製用紙がなくなるほど刷を重ねていた。

手応えもあり、白川の心に少し余裕もできたのだろう。『字訓』に着手すると、白川静の中にたまっていた日本語への思いと考察が、次々と出てきて、「いざ書き出したら、どんどん原稿がふくらんでいって……、とても新書みたいなものでは、収まらないものになっていった」という。

自他を包む中にあって、自己を区別

紹介したように「自他の区別がはじめから明らかである場合、批判という行為は生まれない。批判とは、自他を包む全体のうちにあって、自己を区別することである。それは従って、他を媒介としながら、つねにみずからの批判の根拠を問うことであり、みずからを批判し形成する行為に外ならない。思想はそのようにして形成される」と白川は考えていた。

この文章の「自他」を、試みに「自」＝「日本語」、「他」＝「漢字」と考えてみると、白川にとっての『字訓』の仕事の意味が見えてくるように思える。いま漢字は国字として、日本語の中に定着している。その自他を含む全体、日本語と漢字を含む全体のうちにあって、自己（日本語）を区別する仕事が、白川にとって『字訓』だったのではないだろうか。『字訓』には、日本語の意味とその語源と、さらに語源を通してつながる日本語の連関が記され、それと同じぐらいの分量を割いて、その日本語に相当する漢字群が記されている。『字訓』の仕事は、漢字を媒介としながらも、常に日本語の根拠を問うことであり、日本語とは何かを形成する作業でもあったのだろう。他を媒介にし、反転して、常に自らを問うことでより高い思想に到達する、という弁証法的思考を自らの中に持つ白川静らしい仕事だったに違いない。だからこそ、書き出したら、どんどん原稿がふくらんでいき、あのようにユニークで、大部な一冊となったのだろう。

第四章　人間・白川静

白川静は漢字学の泰斗、第一人者ということから、厳《いか》めしいイメージがあるのだが、実際に会ってみると、闊達、柔軟なユーモア精神、愉快な面をたくさん持った人だった。

お茶目で楽しい人

体力維持のため、白川は散歩を日課としていた。最晩年は散歩に長女の津崎史らが、付き添っていたのだが、亡くなった二〇〇六年、散歩の途中、白川が杖と両手をあげて背中を反らせるので、「何をしているの」と長女の史が聞くと、「イナバウアー」と答えたそうである。このことは、二〇〇六年十月三十日に白川が亡くなった後、史自身が話したり、文章に書いたりしたので、かなり知られることになった。

白川静（しらかわ しずか）と荒川静香（あらかわ しずか）は、平仮名で記すと名前が一字しか違わないこともあって、白川静は荒川静香のファンだった。二〇〇六年二月のトリノ冬季五輪の際にも、早朝に起きて、応援していたようだ。荒川の金メダルが決まると、「金だ、金だ、金だ」と喜んでいたという。

「イナバウアー」の話ばかりではない。亡くなる前年、九十五歳の頃に、UFOキャッチャーに挑戦して、「しっかり、つかんだぞ！」と津崎史に自慢していたという。「ちゃんと、外に出した？」と史が聞くと、「あれは、外へ出すんか?!」と言った。史がさらに

「外に出さなくては、意味ないのに」と言うと、「そうかぁ……」と白川静もつぶやいたとか。

白川静には、そういうお茶目で楽しく、優しい面があった。その一方で、常に確たる志を持ち、おかしいと思うことに対しては厳しく闘う人でもあった。本章ではそうした白川静の人柄を表すさまざまなエピソードを紹介したい。

「修羅シュッ〳〵」

事重く身には思はず賣買《うりかひ》の如くもわれは契りてぞ來し
『ポトナム』昭和十一年二月号

かねてより兩家の母親《おや》が定めたる緣とあらば宿世《すくぜ》なるべし
「卯月抄」平成十六年

白川は戦前から短歌誌『ポトナム』に参加して、一時期、短歌を作っていた。津崎史から、白川が生前に作った全短歌を教えてもらったのだが、前者は、つる夫人との結婚のことを詠った白川の一首であり、後者は二〇〇四年四月六日、つる夫人が九十一歳で亡くなった際に作られた挽歌「卯月抄」（『桂東雑記 Ⅲ』平凡社、二〇〇五年所収）の中の一首である。

「卯月抄」の「かねてより両家の母親《おや》が定めたる縁」の二首前には「我は袴君は帯高く結ひ上げて大和路の春を歩みいたりけり」という若々しい時代の白川静・つる夫妻の姿も詠われている。

その「卯月抄」の中に、こんな歌がある。

琴平《こんぴら》舟々の修羅の話を聞かせんと思ひしことも今は空しも

つる夫人は香川県出身。生まれた家も同県琴平町の金刀比羅宮の近くだった。

白川が読者からのさまざまな質問に答える形式の『文字答問』（平凡社ライブラリー、二〇一四年）という本がある。これは『桂東雑記 Ⅰ―Ⅳ』（平凡社、二〇〇三―〇七年）の最終章として書き下ろされてきた名回答をまとめたものだが、その中に「「金比羅舟々追風《おいて》に帆かけて　修羅シュッ〱〱」という修羅は何でしょうか」との問いに答えた「修羅シュッ〱〱」という文がある。

この文章を金刀比羅宮近くに生まれたつる夫人に聞かせたくて書いたのだが、それが本として刊行される直前につる夫人が亡くなってしまったのだ。「琴平舟々の修羅の話を聞かせんと思ひしことも今は空しも」は、そのことを詠んだ歌である。その歌の前には「桂東雑記巻二はこの日出で來たる君に見すべき由もあらなく」という歌もある。

「修羅シュッ〳〵」が載った『桂東雑記 II』は二〇〇四年四月十一日刊。つる夫人が亡くなったのは、前記したように同四月六日。見本の本は、ふつうは実際の刊行日よりも少し早くできると思われるので、ほんとうに直前に夫人が亡くなってしまったのだ。長女・史の話によると、「あれだけは、ちゃんとできたものを、かあちゃんに読ませたかった」と白川は話していたという。

金刀比羅宮は古来航海の神として尊崇を受け、全国の舟乗りたちの信仰を集めていたところで、絵馬堂には、各地から献上された船舶の絵が多く飾られている。その参詣のときに歌われたのが「金比羅舟々　追風に帆かけて　修羅シュッ〳〵」の歌で、この修羅とは何を指すのかあまり明らかでなく、古くからいろいろ説があった。

仏教語の「阿修羅の修羅の略」のほかに「修羅が帝釈《たいしやく》（大石《たいしやく》）を動かすの意からという。／㋐「滑道《かつどう》の一種、丸太を溝状または枕木状に並べるなどして、その上を大石・船などが滑るようにしたもの／㋑大石や木材などをのせて運ぶそり状の道具」というのが『広辞苑』第五版の説明だが、これについて白川は、「語源としては大石《たいしやく》を動かすものは阿修羅という仏教語からの説明がなされているが、これは江戸期の語源説で、語源説というよりお話にすぎない。大石を帝釈天にみたてたもので、小話に類するものです」と書いている。

さらに『日本国語大辞典』などの説明を紹介しながら、修羅が木や石の運搬用の器具の名であることはわかるが、「追風に帆かけて　修羅シュッ〳〵」に戻って考えてみると、「この修羅は、本来陸上のものではないように思われますね」と述べて、修羅がもともとは船のことであったのではないかということを記している。『越絶書』という、中国の古い文献などから、白川は推論を展開しているが、かなり長い文章なので、興味のある人はぜひ『文字答問』か『桂東雑記 II』を読んでほしい。

ともかく、これは白川の愛妻ぶりを示す話なのだが、死の床にある妻のために書く文章が「「金比羅舟々　追風に帆かけて　修羅シュッ〳〵」という修羅は何でしょうか」というものであるところに、そういう文章で妻を少しでも元気づけようとするところに、白川の得も言われぬ優しいユーモア心、精神の闊達さを感じる。この文章を書いたとき、白川は九十三歳の終わり頃である。

頭髪が丸坊主になった立命館中学校教職員時代の写真が残っていて、白川の生誕一〇〇年に出版された『白川静読本』（平凡社、二〇一〇年）にも掲載されている。そのキャプションには「軍に抵抗して長髪を貫いたが、戦争が激化して断念」と記されているように、白川は軍隊が嫌いだった。

長女・史の話によれば、残っている写真を見ると、戦争時にもほとんど長髪。「でも髪のことだけではなく、洋服もほとんど軍服風の国民服（当時男性が用いた軍服を模した洋服）は着ていないですね。国民服を着た写真は、一枚、二枚あるかな……」ということだ。卒業アルバムを見ても、教師たちが、みんな国民服を着ていたが、「そういう時でも、かなり最後まで国民服を着ないで、抵抗していたみたいですよ。軍人嫌いだから。でも最後は『やむを得ず、一応従った』と話していた」という。

『ポトナム』の昭和十一年四月号には、直前の昭和十一（一九三六）年二月二十六日に起きた二・二六事件のことで白川の歌は埋め尽くされている。以下は白川の歌である。

大いなる時運の動きまざまざと身に迫り來て心悸《たか》ぶる
此の夜べに果すべきことはありながらラヂオの前に耳すまし居り
「大藏大臣即死」再びくりかへすラヂオニュースを今は疑はず

老軀八十國老の身にありし高橋大臣を撃つべきものか
僞らず書かれし自傳讀みつぎてわが教へらるゝこと多かりし
放送の言葉短くひしひしと事の重きを身に思はしむ
戰時警備つひに布かれしといふ放送の重苦しさに壓《お》されてありぬ
ニユース讀むアナウンサーの聲重く街に流る夜を默《もだ》し居ぬ

六度も大蔵大臣を務めた高橋是清が、恐慌からの脱出と経済状況の正常化を目指して、軍備の縮小にも取り組んだため、陸軍からの反発を受け、二・二六事件で、赤坂の自宅で胸を六発も撃たれ、暗殺された。「僞らず書かれし自傳讀みつぎてわが教へらるゝこと多かりし」と白川が詠っている『高橋是清自伝』は、二・二六事件の直前に刊行されたばかりだった。同自伝は高橋是清が話したものを上塚司が書き留めて、高橋是清が手を入れたもの。同書の「手記者の言葉」という上塚司の文は「昭和十一年一月三十日」に記されているし、本の刊行は二・二六事件のあった昭和十一年二月のことである。その自伝を白川はすぐに読んでいたのだろうか……。同書の内容は、先に東京・大阪両朝日新聞に発表されているので、白川が新聞で読んでいた可能性ももちろんあるのだが。

高橋是清は正規の教育を受けた人ではなく、いわばたたき上げの人であり、十三歳でアメリカ流浪の旅に出ており、そこでだまされてアメリカ人の家庭労働者として牧夫や薪を挽く仕事などに従事するなど、奴隷のような生活を強いられたりもした。そんな高橋是清の自伝を読んで、白川も「教へらるゝこと多かりし」と思っていたばかりだった。小学校を出てすぐに大阪で働きだした自分の少年時の苦労を重ね合わせて読むようなところがあったのだろうか……。その是清が襲撃されて、殺されたのだ。

容貌から「ダルマ」と呼ばれて国民的人気があった高橋是清が即死したことは事件当日伏せられていたので、「「大蔵大臣即死」再びくりかへすラヂオニュースを今は疑はず」という歌からは、白川が、何日か「ラヂオの前に耳すまし」ていたことがわかる。そのとき、白川は満二十五歳である。そして、さらに戦争へ時局が突入していくなか、白川は、ほとんど長髪で通し、国民服も着ないでいたのだ。

白川静は中学教員の資格を得たいと思っていたが、その頃大阪に文科系の夜間の学校がなく、京都の立命館に夜間の専門部があると聞き、京都に行くことにして、それまで働いていた大阪の政治家・広瀬徳蔵事務所から、京都の弁護士・白畠正雄事務所へ移った。白川静は昭和八（一九三三）年に立命館に入学しているが、『ポトナム』の歌のスタートは、昼は働きながら立命館の夜間部の学生であったこの時代のものである。

小泉苳三との邂逅

街頭で見た風景を詠んだ、次のような一連の短歌も印象的である。

汗あゆる街上に砂塵揚がり居り靈柩自動車眼過りぬ
送葬の人らつゝしまず振舞ふを車中に見つゝ心たかぶる
デパートの入口に人らひしめけど葬列に心とむるものなし
街中の往來に交る葬列のなげきに觸れて我はありけり
街中の生《いき》のはげしさ幾月か生死に心とめずあり來し

『ポトナム』の昭和十年十一月号に掲載された五首。街頭で、ふと出合った葬列に心とめた歌群だが、死者に対して、慎みを込めて送ろうとする白川静の姿に、その後の「眞」の字の字説に発展していくような心の動きを感じる。

白川が、その『ポトナム』に入ったのは、小泉苳三との運命的とも言える邂逅があったからである。白川は早くから『詩経』と『万葉集』とを第一段階の読書目標としていたので、日本の短歌史的概観を得ておく必要があって、昭和六年から七年に改造社から出た『短歌講座』十二巻を買って一読し、『万葉集』の読み方に、アララギ派と折口信夫でかなりの距離があることがわかった。その『短歌講座』で印象に残ったのは、アララギ派が唾棄してやまない大伴家持の歌について、その新鮮な抒情を指摘していた小泉苳三の家持論だった。その小泉苳三が招聘されて、長野高等女専から立命館に来たのだ。

「立命館の夜学に入学して、その先生に邂逅したということが驚きであり、奇遇」だったと白川は「苳三先生遺事」の中で書いている。その小泉苳三も「検定で高等教員の資格を得られた独学力行の人」だった。「独学力行の人」は白川静が好きなタイプの人間なのである。

ちなみに白川は荒川静香のほかに、野球選手ではイチローのファンだった。そして考えてみると、荒川静香やイチローを単に好きだったというだけでなく、白川静、荒川静香、イチローも、みな闘志は内に秘めて、他と群れず、クールに自分の信じる道を進んでいくという感覚が共通していると言えるだろう。〈世界初の何回転〉とかに挑むのではなく、自分の美しいスケーティングを磨いて、荒川静香は世界一になった。イチローも独特の振り子打法を貫いて、米大リーグに名を残す大打者となった。白川静も呪術的とも言われる、自分の文字学を通して、漢字の成り立ちの秘密を解明していったのだ。

九十歳を過ぎてまで続いた白川の趣味に囲碁があるが、新聞の棋譜は全部切り抜き、いい棋譜は暗記していて、その碁を並べることができたという。日曜の囲碁の時間のテレビは欠かさず観て、まるで解説者のように、次の手を予測できるほどの実力だったようだ。でも対局者がいないのと、実際に囲碁を打つと、時間も取られるので、独りで楽しむ囲碁だったという。ここにも「独学力行」の雰囲気がある。

その独学力行の人・小泉苳三が創刊した歌誌が『ポトナム』だった。「先生の指導されるポトナム社の歌会にも多くの学生が参加した。そして私もその末席に加わったが、しかし私はその歌会での議論を聞くことを楽しみとし、出詠することは殆どなかった」と「苳三先生遺事」に白川は書いている。

「私の履歴書」のほうには「私は歌には不器用であった。小さな特定の様式にものを纏《まと》めるということは、特殊な才能のように思われた。それで出詠には熱心でなく、その頃はむしろ漢籍に親しむことが多かった」と記している。

確かに『ポトナム』への出詠は、戦前は昭和十年から十一年に限られているのだが、津崎史によると『ポトナム』の出詠がなくなっても、『ポトナム』の会に白川は出席していたようだ。「書記をしていたようです。歌はなくとも、出席者には白川静の名前がありますし、新人の歓迎会にも顔を出しているので、関わりはずっと続いていた」という。

戦後の〈民主化〉

立命館大学は、西日本では神宮皇学館に次いで、戦時下の戦争協力校として、戦後に廃校の処分を受ける恐れがある大学だった。それは創設者の中川小十郎総長の家が、維新のとき山陰鎮撫使西園寺公望に従って鼓笛隊を組織して行進したという伝統があり、大学に禁衛隊を組織して京都御所の禁衛に任じ、それを教学の方針としていたからだった。

それゆえに敗戦後間もなく開始された教職員の適格審査で、相当数の非適格者を出すことが、いわば免責の条件であるように思われていた。

そして、学内に設置された適格審査委員会の委員長は、なんと禁衛隊長その人がなっていた。敗戦後、立命館は、京大（滝川）事件の一員だった末川博を擁して、民主化の体制を急いだ。学校の民主化が求められると、新しく迎えた進歩派と称する陣営にいち早く参加し、保身を図る者が多かったようだ。そのようなことを、白川が書き残している。

自分の中に貫くものがなく、時代や周囲の流れに、素早く合わせて生きていく人間はいつの時代にもいるが、その新しい体制による民主化の流れにいち早く参加する人々に対して、自主的民主化の先鋒だった小泉苳三が犠牲となったのだ。

その教職不適格の理由に、学内の審査委員会は、終戦より七年前の昭和十三年の中国前線視察の間に作った歌集『山西前線』をあげていた。教職不適格の決定書は、同歌集の中の「東亞の民族ここに戰へり再びかかる戰《いくさ》なからしめ」の一首が中国を戦力的に無力化することを強調した歌としていて、それが不適格の理由だった。

「これが戦争否定の歌であることは、中学生といえども容易に理解しうるだろう。このような歪曲を加えた決定を、私は許すことができなかった」と、白川は「私の履歴書」の中で書いている。白川は再審査要求書の草稿を書き、小泉苳三の教え子ら関係者十七名が連署して、歌人らの上申書、かつて小泉苳三が北京師範大学で教え、後に京都大学に留学してきた中国人留学生らの上申書を添えて、白川は中央の適格審査委員長である牧野栄一に書類を提出した。牧野栄一は歌誌『心の花』の同人として、歌人としても知られるので、この決定に驚いたようで、白川も再審の結果は良好であったと確信したようだ。

「しかし数ヶ月のち、最終決定として、新聞紙上に先生の不適格決定が報ぜられた。何の記事もなく、本人にも何の通知もなかった。これが戦後の民主主義であった」と白川静は「私の履歴書」に書いている。当時、白川は三十八歳だった。

こうした中で、白川は敗戦後の大学生活を生きていたのである。先に紹介した「私は学内では、戦前派として常に疎外される立場にあった。私はいつも逆風の中にあり、逆風の中で、羽ばたき続けてきたようである」「私は、戦後、最も民主的であるといわれた私の母校では、圏外の人であった。私が何のために中国の古典をよみ、『万葉』をよみ、文字を論じ、漢字制限を批判し、文字文化の回復を論じてきたのか、人々は概ね私の保守性によるものとされていたようである」などと記す白川の言葉の背景に、このようなことがあったのだ。

そして、ここに白川静を貫く、強い魂のようなものを、私は感じるのである。戦争に反対し、軍隊を嫌い、大学組織の中でも信念を貫いて、自分の心の自由を守る人なのだ。あの優しさ、躍動する心の闊達さ、独学力行の人や独立不羈の人を好み、圏外の人を愛する心は、そのような闘いを経て、白川の中にずっと維持されてきたものなのだろう。ひと言で言えば「狂狷の人・白川静」を見る思いがする。

「いわゆる大東亜戦争は、中国の歴史や文化に何の理解もない軍部が、何の理念もなく気まぐれに展開したものである。東洋の理念を求め続けている私にとって、それは見るに堪えぬ自己破壊の行為であった」とも「私の履歴書」に白川は書いている。

津崎史によれば、戦後の民主化の時代に「いっぱいビラで攻撃されたこともあるようですが、それには、やっぱりやり返していて、そういう戦闘的な部分があった」という。

以下、つる夫人を失ったときの挽歌「卯月抄」の中から、ここに記したことと関係する歌を紹介しよう。


ミツドウエーもノモンハンをもひた隠し爲す術もなくて兵ら死にゆけり

國土みな焦土となりぬ東京は凸兀とせる赤肌の丘
進駐軍の京に來ると聞きしかば北山に君を移さんと思へり
我がために辨當二つ作りたりあとに食ふべきもの有りやいなや
すさまじき疾風怒濤の中にありて東洋は崩れたり東洋は何處ぞ
大學に民主の嵐吹き荒れて我は一介の反動分子か
母校にありて異國のごとしとわが言へば友は笑ひぬ明日知れぬ身ぞ
喧噪のさ中にありて夜更くるにわが爲す業を知る者は無し

「白川静伝説」と『孔子伝』

戦争を嫌い、妻を愛し、東洋の理念を求めて研究を続ける白川静。戦前、戦中、戦後を一貫した言葉・考えで生きようとした白川が、戦後、大学の〈民主化〉の中で反動分子とされていく。紹介したように、戦争中、立命館大学で禁衛隊の隊長だった人物が、戦後は大学の適格審査委員会の委員長となっていった。戦後の〈民主化〉とは、そのようなものであった。

そして、白川静は自分の研究に没頭していくのである。

一九九九年に『白川静著作集』の内容見本に寄せられた吉本隆明の「白川静伝説」という短文がある。この「大碩学」が著した『説文新義』の冊子十数冊を大事に保持し、小林博との共著『漢字類編』は二冊も持っているという吉本隆明がこんなことを書いている。

日本の大学がすべて崩壊しても、二食分の弁当をもって夜おそくまで研究室に籠って研究を続けておられる白川静さんの立ち姿だけは遺るだろうという話が、現在、わたしのようなものの俗耳に入ってくる伝説だ。これには根拠があるとおもう。いまから二十数年まえ、暴れん坊の学生たちのデモも白川さんの研究室には踏み込めなかったと学生たち自身から聴いたおぼえがあるからだ。

「二食分の弁当」は紹介した「卯月抄」の中にも詠われているように、白川静のトレードマークのような話である。そして当時の全共闘系の学生も、代々木系の学生も、白川静の研究室の部屋をしばしば訪れていたようだ。

津崎史の話によると「両派の学生が来ていたようです。彼らはみな外側から見ている感じとは違って、白川の部屋では自分の人生とかいろんなことを語っていた。〈学生だけを置いていたら、たいへんなことになっていたかもしれないが、自分がいることで、両方が相談に来た。危険で置いておけなかった〉という気持ちのようでした。別にどっちの思想に、どうこうということではなかったようです。〈とにかく若いから〉と言ってました」という。

そして、こんなことも白川は、史に話していた。

「そういう時代に、何の政治的関心も持たないような人じゃこまる。それなりに考えて、一途に行動する時期もあっていいのではないか」

この時代を背景に書かれたものが『孔子伝』（中央公論社、一九七二年／中公文庫、一九九一年）だ。その文庫版あとがきに、白川の次のような言葉が記されている。

「四十三年の暮近く、私の大学では、両派の学生の間に機関紙の争奪をめぐる闘争があり、前後二回に、約九十名の負傷者が出た。それを合図とするように、紛争は燃え上がった」

この「四十三年」はもちろん昭和四十三年、一九六八年のことである。続いて、白川静はこう書いている。

紛争は数か月で一おう終熄したが、教育の場における亀裂は、容易に埋めうるものではない。特に一党支配の体制がもたらす荒廃は、如何ともしがたいもののようである。

私はこのとき、敗戦後に読んだ『論語』の諸章を、思い起していた。そして、あの決定的な敗北のなかにあって、心許した弟子たちを伴いながら、老衰の身で十数年も漂泊の旅をつづけた孔子のことを、考えてみようと思った。四十六年秋、丁度『歴史と人物』が創刊された直後のことで、とりあえず初め数回の連載分を渡し、その夏、全体を書き終え、四十七年十一月に刊行した。『金文』と『説文』の季刊を続けながらのことで、かなりの負担であったが、大体予定の通りに進行した。ここにしるしたような孔子像は、すでにかなり前から、戦後の私の中に、次第に形成されつつあったものである。

ここにある『金文』と『説文』とは、白川静のその後の学問の基層をなす『金文通釈』（全五十六輯）と『説文新義』（全十六巻）のことである。これまで記してきた、戦後の小泉苳三の教職不適格による追放、その再審査への白川静の行動や、高橋和巳『わが解体』の中のS教授のこと、吉本隆明の「白川静伝説」、さらに「卯月抄」に詠われた白川静の歌、また白川静の部屋を訪れていた学生たちの姿を重ねて読むと、白川静の心の中を貫くものが伝わってきて、実に味わい深い文章なのである。

僕の日課なんだ

「小学生でもわかるように、漢字の成り立ちを教えてください」という内容の手紙を九十二歳の白川静に出して、白川から直接、文字の成り立ちを教えてもらったのだが、その私の体験のなかでも、白川静の人柄を表す忘れられないことがあるので、記しておきたい。

記者というものは、実に乱暴なものだと思うが、こんなことがあった。

文字の成り立ちの基礎の基礎を白川に教えてもらっていたときのことだが、白川が説明する文字に対して、つい「そんな字、あるんですか?」と言ってしまったのだ。それを聞いて、白川は、そのままスッと立ち上がって、部屋を出て行ってしまった。

怒られたか……と思って、部屋を出ると、白川は古代文字の影印本を三冊ずつぐらい、ドッ、ドッという音とともに左から右に動かしていた。大きな影印本を持った体験がある人ならわかると思うが、影印本は一冊でもかなり重い。

「先生、僕もお手伝いします」と言ったが、「いや、これは僕の日課なんだ。大丈夫」と白川は言って、九十代とは思えぬスピードで、次々に影印本を動かしていく。

「確か、このへんだ……」と白川は言って、一冊の影印本を手に取り、今度は一枚一枚、速い速度で頁をめくっていく。そして「ほらぁ!」と言って、私が疑問に思った文字の古代文字を指し示した。それを見て、私は「あっ、ほんとうですね!」と言ったのだ。

その直後には、白川はもうその影印本の山の前を離れて、元の部屋に戻り、文字学の入門編の話の続きを教えてくれたのである。

白川にとっては、権威などというものはどうでもいいことだった。

「そんな字、あるんですか？」という疑問に対して、最も簡潔で明瞭な答えは、その字を目の前に示してみせることである。そのことに対して、労を惜しまず、白川は私の疑問に答えてくれた。「自分の言っていることを信じないのか」という権威的な振る舞いはみじんもなかったのである。

明確な記憶の自信はないのだが、文字が誕生したときの形が、その後に失われてしまい、現在に伝わる漢字の字形では、その文字がほんとうに意味することがわからないという話の中で出てきたことへの質問だったので、私が「そんな字、あるんですか？」と聞いた文字は、いま思えば「彝器」の「彝」という文字だったのではないかと思う。

彝器は宗廟に常に供えておく祭器のこと。その「彝」は「鶏」に「廾《きょう》」（両手）を加えて、羽交い締めにする形の文字である。その羽交い締めにされた鶏が、血を吐く。その鶏血を以て清めた祭器を彝器というのだ。

彝［甲骨文］

［金文］

「彝」の「米」と「糸」の部分は、甲骨文字形と金文形は、「米」「糸」などを含む字形ではなく、明らかに鶏を手で絞め殺す形だ。現代の字形は、その部分が「米」と「糸」になっている。

許慎が『説文解字』を書いたときには、すでに、そのような字形に変わってしまっていた。白川静は『字統』の中で、許慎が『説文解字』で「「宗廟の常器なり」と訓するのはその意味で正しいが、その字形を米と糸と廾との会意とするのは、全く字の初形を失したものである。〔説文〕の当時、すでに古代文字の正しい構造の知られないものが多かったのであろう」と記している。

「漢字の体系」

「学問は、その成果が、本来一般に還元しうるものでなければならない。何らかの方法で一般に還元することができて、はじめて研究の意義があるわけである」（「私の履歴書」）と考えている白川静は、基礎的な研究がある程度できたところで、一般書を書こう、とりあえず還暦の前後に、ということでまず最初の一般書として「漢字の全体観をとらえうるようなものをと思って」岩波新書の『漢字』を書いた。

そして白川が八十八歳のときに始めた連続漢字講演「文字講話」も、きっとその考えの延長線上にあるものだったろう。「文字講話」は「続 文字講話」も含めて六年間、計二十四回も続いた。さらにその間には、入門的な字書『常用字解』を執筆して、これもベストセラーとなっている。

そして、九十六歳で亡くなる直前には、生まれ故郷の福井と、自宅のあった京都で「漢字の体系」という同じ題名の講演をしている。この二つの講演は『桂東雑記 V』に収録されているが、いずれも体系的につながる文字系列についての話である。

そこでは、つながりのある五つずつの文字を例に挙げて、その一系統に共通するひとつの文字の意味が理解できると、それに関連した字が芋蔓式にいっぺんにわかるようになっている漢字の体系的な成り立ちを具体的な文字の系列を通して語っている。たとえば、「非」「俳」「排」「扉」「斐」の五字を挙げて、「非」の系列文字を説明している。

前にも説明したが、漢字は物の形を絵画的にかいた象形文字が基本なので、形のないものを表すのが苦手な文字である。このため否定形などを表すには、別な文字を借りて表した。それを仮借《かしゃ》の用法という。

非［甲骨文］

「非」は、その字形にも残っているが、もともとは髪をすくための櫛の形である。古代中国では櫛のことを「非余《ひよ》」と言い、「非」はその形である。この「非」を今は本来の櫛の意味ではなく、仮借して、否定の「あらず」の意味に使っている。もう「非」を櫛の意味に使うことはないが、でも「非」を含む字には櫛のように「左右に並ぶ」という意味がある。そのことを知っていると「非」を含む字を非常に理解しやすいのである。

「非」に「亻《にんべん》」を加えた「俳」は二人の人が並んで戯れ演じている姿のことだ。そこから「たわむれる」「おどける」などの意味がある。つまり滑稽な動作をする役者のことを「俳」と言う。今の言葉で言うと「喜劇俳優」のことである。日本の「俳句」「俳諧」にも、その滑稽な意味の味は残っている。

「排」の「非」は二人が相並んでいる姿のことで、「扌」(手)は「おす」こと。つまり相並んだ二人の片方が相手を手で「おす」ことが「排」である。「排斥」とは相並んで争う者の片方が、他方を押しのけることを言う。

「扉」の「戸」はドアのことで、「非」と合わせて左右に開く「とびら」のことを言うし、「斐」は「うつくしい」という意味の文字だが、その「文」は文様のこと、「非」は二つ並んだもののことである。二つ並んで、その美しさを際立たせるというような意味で美しいということを表した文字である。

子供たちに、漢字を教える先生たちに

漢字は種類も多く、字形も複雑なものが多いので、ひとつひとつ覚えようとするとたいへんである。だが白川静は、自分が解明した文字学の成果を使って、漢字の体系的な成り立ちを理解すれば、いちいち覚えようとしなくても、自然に頭に入ってくるように漢字はもともとなっていることを、亡くなる前の二つの講演で伝えようとしたのだろう。自分が解明した漢字の体系的な成り立ちを理解して学んでいけば、これからを生きる子供たちも苦労せずに漢字を覚えられるということを具体的な漢字教育の方法論として示しておきたかったに違いない。

私は白川の文字学の成果を使って、体系的・系列的につながる漢字の世界を新聞連載で紹介してきた。おそらく、私が白川の門をたたいたとき、まさに白川はそのような漢字教育の方法を考えていて、私に文字系列のひとつひとつを話していったのだろうと思う。

津崎史によれば、白川は最後の講演のとき、それは亡くなる一カ月前のことだが、体調がほんとうに思わしくなく、当日まで講演に行けるかどうかわからなかった。

だが、その日の講演は教員を対象にしたものだった。「子供たちに、漢字を教える先生たちに話すのだから」と言って、白川は家を出たという。

その最後の講演「漢字の体系――漢字教育について」は、「白川でございます。かねて

より、本日の催しのことのご依頼を受けていたのですが、この夏は私にとりましては大変厳しい夏でございまして、体調を失して、なかなか快復しない。毎日少しずつ外を歩いて体調をもどす努力をしているところです」と、体調の悪さのことから語り出されている。

白川静は六年間、二十四回続いた「文字講話」でも、一度も座ることはなく、立ったまま話し通してきた。この日、立って話し出したが、よほどひどい体調だったのだろう、途中から椅子に座って話したという。この京都での講演に付き添った津崎幸博は「白川が座って話すのを初めて見ました」と語っていた。

そんな体調でも「子供たちに、漢字を教える先生たちに」漢字を貫く体系について、白川は語りたかったのである。

「東洋の理想」を求め、「東洋の回復」を目指し続けた、その白川静の情熱的な姿は、最期まで変わることがなかった。

第五章　ほんとうの碩学、白川静

二〇〇四年の文化勲章受章を祝う会の席で、白川静は最後に挨拶に立った。

「間違いの多い戦後の文字改革ですが、遠くからただ言葉だけで批判していても何にもならないので、その間違いを実証するために研究をずっと続けてきた」と積年の思いを語ったのだ。

「右」と「左」を合わせた文字

漢字の成り立ちの基礎の基礎から白川静に教えてもらい、それを小中高生たちに伝える記事を書きたいと思い、手紙を書き、九十二歳の白川静を訪ねたのが初めての出会いだった。前にも少し記したが、白川は「まず、手に関係する文字から始めましょうか」と言って、画用紙に「右」の古代文字を書いた。「右」の「ナ」の部分は「手」の形、「口」のほうは顔の「くち」ではなく、神様への祈りの祝詞《のりと》を入れる器「𠙵《サイ》」である。

「口」の字形を含む文字を神様への祈りの祝詞を入れる器「𠙵《サイ》」と解釈して体系づけたことが白川静の大きな業績のひとつだが、いま思えば、その「𠙵《サイ》」を持つ手である「右」の字の説明から、いきなり白川静の授業は始まったわけである。この「𠙵《サイ》」を右手で持って、神様にお祝いの祈りをしているのが「右」で、そこから「みぎ」の意味になった。次に「左」の古代文字形を白川静は書いた。「左」の「ナ」も「手」だが、「工」の部分は神様に呪《まじな》いをかける道具である。これを左手に持って呪いをかける姿が「左」だ。

　続いて、すぐに白川静は「尋」という字を書いた。現在の「尋」は「ヨ」「工」「口」「寸」を合わせた字形だが、旧字形では上の「ヨ」部分の横棒が横に突き出た「ヨ」の字形である。このフォークのような「ヨ」の字形は、やはり「手」の形で、その形と「口」を合わせて「右」の意味である。

　さらに「尋」の下部にある「寸」も古代文字なら簡単にわかるが、これも「手」の形だ。この「寸」（手の形）と「工」を合わせて「左」の意味なのである。

　つまり「尋」は「右」と「左」を合わせた字で、右手に神への祝禱の器「𠙵《サイ》」を持ち、左手に神への呪術の道具「工」を持って「神様神様、どこにいますか？」と「たずねる」文字が「尋」なのである。

　神様に祈る際、両手をいっぱいに広げるので、「一尋《ひとひろ》」という言葉も生まれた。一尋とは成年男子が両手を広げた、約一・八メートルの長さである。

　「右」も「左」も小学校一年生で学ぶ漢字だが、その両字を合わせた文字が「尋」という文字だという白川静の説明には、非常に驚いた。

右［金文］

左［金文］

尋［篆文］

寸［篆文］

友［篆文］

「手」を表す字形には、この「ナ」「ヨ」「寸」のほか、「又」や「爪」などがある。たとえば「友」は「ナ」(手)と「又」(手)を合わせた字である。手と手を合わせていることは古代文字のほうがわかりやすいが、「友」とは同族の兄弟が「手」と「手」を合わせて誓う、友誼の情のことなのである。この「友」は小学校二年生で学ぶ文字である。次々に白川が画用紙に古代文字形を書き、説明していく漢字の成り立ちを学びながら、ほんとうに驚き、圧倒されてしまった。「右」「左」や「友」が小学校の低学年で学ぶ漢字であるのに、その成り立ちの姿を知ることで、まったく新しい文字として自分に迫ってきたのだ。

間違いの多い戦後の文字改革

そのときには、白川が「右」と「左」に次いで教えてくれた「尋」の成り立ちについては、目からうろこが落ちるような気持ちで納得しただけだったが、白川静が「尋」を最初に教えてくれたことには、おそらく、もうひとつの意味が含まれていたのだと思う。

「間違いの多い戦後の文字改革ですが、遠くからただ言葉だけで批判していても何にもならないので、その間違いを実証するために研究をずっと続けてきた」と、文化勲章受章を祝う会で、白川が語るのを聞きながら、初対面の日に白川から、その「尋」の成り立ちについて学んだことを思い出していた。

この「尋」は戦後の文字改革で、字形上部が「⺕」から「ヨ」の字形に変更された文字だ。でもすべての「⺕」を含む文字が「ヨ」の字形に変えられたわけではなかった。たとえば、筆を手で持つ「筆」や女性が簪《かんざし》に手を添える「妻」などでは、「ヨ」にならずにそのままの字形「⺕」が残っているのである。戦後の文字改革がいかに無原則的に行われたかを表す文字の一例として「尋」もあるのだ。

「尋」と同様の形で生まれた新字では、「急」もそのひとつである。「急」の上にある片仮名の「ク」のような形は「人」の姿。「急」の「ヨ」の部分は旧字「急」では、やはり真ん中の横棒が右に突き出た形（「⺕」）だった。それは「手」の形であるし、下に「心」を加えた「急」は前の「人」（「ク」）に追いつこうと手を伸ばす人の姿である。手を伸ばして追いつこうとして急ぎはやる心が「急」なのだ。

白川静は新字「急」について「常用漢字の急の字形に変えるとヨとなって手の形でなくなり、前の人に追いつこうとして手を伸ばすことができなくなる」と字書『常用字解』でユーモアも交えながら批判している。

「急」と同様に「尋」も上部が「ヨ」では、神様への祈りの祝詞を入れる器「𠙵《サイ》」を持

急［篆文］

つことができないのである。「尋」の成り立ちを教えることで、そんな戦後の文字改革の間違いも、これから漢字を学ぶ人たちに、きっと白川静は伝えたかったのではないかと思う。

「臭」と「嗅」の混在

文字改革の進め方は、自身が経験した戦後の大学の〈民主化〉と、白川の中でどこか重なっていたと思うが、戦後の文字改革が、ずさんかつ無原則的に行われたことを表す例を具体的に示しながら、その改革の実体を紹介してみたい。それは「犬」を含む字についての改革である。

二〇一〇年に「常用漢字表」が二十九年ぶりに改定され、それまでの常用漢字から五字を削除、一九六字を追加して、新しい常用漢字は計二一三六字となった。

その改定で「嗅覚」の「嗅」が新しく常用漢字に加わったのだが、その論議の過程で文字の「犬」の部分を「大」の文字に変更して常用漢字に加えるか、「嗅」のまま加えるかが議論となった。なぜなら「臭覚」の「臭」は戦後の文字改革の中で、それまでの「自」と「犬」を合わせた「臭」の字形から、「犬」の点をとって、「自」と「大」を合わせた「臭」の字形に変更されていたからである。

「自」は「鼻」の文字にも含まれているように、「鼻」の形をかいた象形文字である。それと「におい」に敏感な「犬」を合わせた文字だから、「臭」や「嗅」に意味があったわけである。

「犬」の右上の点は犬の特徴を示す耳のことであり、「大」は両手を広げた人の正面形をかいた象形文字である。つまり戦後の文字改革というものは「犬」と「人」との区別もわからぬ人たちによってなされた漢字改革であり、われわれが現在使っている常用漢字というものは、そんな人たちによって作られた新字なのである。

新しく常用漢字に「嗅」が加わることによって、「自」と「大」を合わせた字形「臭」と、「自」と「犬」を合わせた「嗅」が、常用漢字内に混在することになってしまう。これを学校の現場で、子供たちに教える際にどうしたらいいのかという議論となったのだ。

結局、出版界、コンピューター・ソフトなどでは「嗅」の文字がすでに使われているので、これから新たに字形を変更すると、莫大な費用と手間がかかるという経済的な理由から、「嗅」はそのまま常用漢字に加えられることとなった。つまり現在、同じ常用漢字の「におい」に関係した文字で、「臭」が「大」の字形で、「嗅」が「犬」の字形で混在する

自〔甲骨文〕

犬〔甲骨文〕

臭（臭）〔甲骨文〕

類（類）［篆文］

という、ほんとうに奇妙な結果となっている。

犬は最も早く家畜化された動物で、古代中国の墓には立派な装飾品を加えた愛犬が殉葬されているものもある。また玄室（棺を安置する部屋）に悪いものが侵入しないように埋められた犬もあり、神に供える犠牲としても用いられた。

だからだろう。「犬」を含む文字には「犠牲」に関する文字が多い。たとえば「類」もそのひとつ。でもこの「類」も戦後の文字改革によって「類」の字形のうち、「犬」が「大」に変更されて、「類」となってしまったのだ。

「類」は古代中国では、天を祀るときに「犬」と「米」を供えたことを示す文字。右の「頁」は頭に細布のようなものを巻いて神事に参加する人の姿である。

この「類」について白川は「いま常用の字には類を類と書き、犬の姿はありません。どうしてこの一つの点をつけ惜しみするのか、何の根拠があってこのように無作法なことを定め、法令として公布し、強制しようとするのか、ふしぎですね」（『文字答問』）と述べている。

何らの標準もなく

ほかにも「犬」を含む文字で「伏」などのように、犬の耳が残されているもの、また常用漢字となって「戻」「突」「器」など「犬」を「大」に変更してしまった文字が混在している。

たとえば「戻」も現在は「戸」と「大」だが、旧字は「戸」と「犬」の「戾」だった。家の出入り口に、いけにえの「犬」を埋めて、地中の悪霊をお祓いしたのだ。悪霊が退散するので、「もどる」の意味となった。この「戻」も現在の「大」の字形では、文字の意味するところを理解することができない。

煙突の「突」も同様。もともとの旧字は「穴」と「犬」を合わせた「突」という文字だった。「穴」は、かまど用の穴のことだ。かまどは火を扱う大切な場所だったので、かまどの神様に「犬」をいけにえに捧げ、お祓いをしてから使ったのだ。この「突」も今の字形「突」は「犬」を「大」に変更してしまい、漢字の体系的な成り立ちを理解できない文字になってしまった。

「器」は第二章でも詳しく紹介したが、旧字では「器」と書く。つまり「器」は「口」が四つと「犬」でできた漢字だった。「口」は顔の「くち」でなく、神様への祈りの言葉である祝詞を入れる器「𠙵《サイ》」。それらの器にいけにえの「犬」を捧げ、お祓いをする字が

「器」という字である。「器」は、お祭りに使うためのものだから、お祓いをして使ったのである。

一方で、戦後も「犬」の字形が残された文字もある。

「状」(狀)も、そのひとつ。この「犬」もいけにえの「犬」である。城壁などを造るときに版築という工法がある。板と板の間に土を入れて、杵で突き固める工法。それに使う板の形が旧字形「狀」の偏の「爿」である。この城壁を造る際にも犬を犠牲に捧げ、城壁がちゃんとできることを祈ったのだ。「狀」(状)は、その工事の進み具合、状況のことから物や人の形状の意味となっていった。

鼻が利く「犬」に「人」を加えたのが「伏」である。これは王などの墓を造る際に、墓に変な虫や魔物、敵が忍び寄らないように墓の下の地中に犬と武人を一緒に埋めたことを表す文字である。「伏」の「人」は武装した兵士のこと。この場合の「犬」はいけにえとして捧げられたものというよりは、魔物や敵に、鋭い鼻で最初に犬が気づき、武人がそれを打ち破る役目だったと考えられるので、墓の警護として埋められたものであろう。殷の時代の古い墓が発見・発掘されて、実際に犬と武人が一緒に墓の下に埋められていたことがわかっている。地中に埋められることから「伏」は地に「ふす」の意味となった。

「犬」を含む字で最も印象的なのが「然」だ。実は「犬」の系列字で、最初に白川が教えてくれたのが、この「然」だった。「「犬」という文字について、一番わかりやすくて、最も意外な文字は「自然」の「然」でしょう」と、少し微笑んだ顔で教えてくれたのである。

　これは「犬」「月」「灬」でできている。「月」は「にくづき」で「肉」のこと。「灬」は「火」。神様は犬の肉を焼いたにおいが大好きなのだ。だから「犬」の「肉」を「火」で燃やして、そのにおいを天上の神様に届ける字が「然」である。

　だから「然」のもともとの意味は「もやす」ということで、「燃」の元の字である。しかし「然」が次第に「しかり」などの意味に使われるようになり、さらにもうひとつ「火」を加えて「燃」という文字が作られたのである。

　また第一章で、村上春樹作品と白川の文字学との関係を記したところで紹介した「就」という文字もいけにえの犬、犬牲の文字である。

　このように、戦後の文字改革によって、いけにえなどのために捧げられた「犬」の字形がそのまま残った文字、また「犬」を「大」にしてしまった文字が交じることになった。つまり「犬」のまま残すか、それを「大」にするか基準が定まっていないのだ。こうした

状［篆文］

伏［金文］

然［金文］

状況について白川は「何らの標準もなく、すべてデタラメです。これで教育を行なって、正しきは誤りとされ、公の試験には不合格となります。このような文教政策をとる国がどこにあるでしょうか。不誠実の限りというほかはありません」と強い言葉で批判をしている（「犬の耳」『文字答問』）。

誤りを正統として生きる

なぜ、ある文字は「犬」のままにし、ある文字は「犬」を「大」にしたのか、その理由と基準についての記録がないのか、白川は国に質問したことがあるようだ。でもその記録は残っていなかった。私も常用漢字改定について取材する過程で、同様の問い合わせを、国の担当者にしたことがあるのだが、やはり変更の基準を示す記録は何も残っていないとのことだった。

戦後の文字改革の中で「尋」「急」「臭」「類」「戻」「突」「器」など、数多《あまた》の文字が、一貫した体系性を失ってしまった。しかも例に挙げた文字は、そのほんの一部である。

『字統』の冒頭には「字統の編集について」という一文がついているが、そこには次のような言葉が記されている。

敗戦の翌年（一九四六年）の十一月に当用漢字表、その二年後（一九四八年）二月に当用漢字音訓表・当用漢字別表（教育漢字表）、翌年（一九四九年）四月に当用漢字字体表が、それぞれ法令としてではなく、内閣告示として公布された。学校教育と公文書を主たる対象とするものであったが、忽ちのうちに新聞・雑誌をはじめ、あらゆる印刷物がこれに追随して、漢字の字形は一瞬にして外科的整形を受けた。漢字が生まれて以来、どのような時代にも、このように容易に、このように無原則に、このように徹底的に、全面的な変改を受けたことはない。はじめ当座の使用を意味した「当用」は、やがて「当為」の意とされ、いまは「常用」と名を改めている。この誤り多い字形は、これに服従しない限り、学業を履修して社会に出ることも、社会に出て種々の活動に従うことも、不可能となっている。誤りを正統として生きなければならぬという時代を、私は恥ずべきことだと思う。

この白川静の考えに、私はまったく賛成である。昭和二十一（一九四六）年春に来日した米国の教育使節団が漢字全廃を主張して、ローマ字化を勧告した。その秋に発表された当用漢字は日本語表記のローマ字化を避けるために、急ぎ進められたのだろう。だが、たとえ急ぎに急いでいたのにしても、文字は文化の中心である。その作業に漢字の専門家が加わっていたのだろうか。漢字の専門家を交えないまま、漢字改革を実施したのだろうか。いずれにせよ、あまりに無原則的な改革であり、私にも理解できないのである。

漢字は「歴史の通路」

白川静の文字学を通して、漢字の体系的な成り立ちを学ぶと、漢字が網の目のように縦横に関連して、存在していることがよくわかる。そして、少しの説明を受けるだけで、三千年以上も昔の古代中国の文字が、外国人である現代の日本人にも訓読みで理解できる。

これは実は驚くべきことだ。殷を滅ぼした周が、殷の文字を廃止せずに使い、続く各王朝がずっと途切れることなく使い続けてきたということである。さらには文字を持たなかった日本人が、その漢字を輸入して、自分たちの言語を記述する文字として使い続けてきたということでもあるのだ。古代中国の殷王朝で生まれた甲骨文字と、現在、携帯メールで文章のやりとりをしている日本人が、三千三百年の時間を超えてしっかりつながっているのである。

白川静が漢字の体系的な成り立ちを系統的に説明した『漢字の世界』の冒頭に「漢字の起源」という章があって、そこに「漢字は、そのような古代から現代に至るまでを、生きつづけてきた文字である。それは歴史の通路であるといえよう。そのような意味をもちうる文字は、漢字だけである」と記されている。その言葉通り、「歴史の通路」を通ってわれわれは、三千年以上前の外国の文字である漢字の意味や古代中国の人々の考え方などを手にとるように理解できるのである。

第一章でも、少し紹介したが、古代中国では「矢」がとても神聖なものだった。「矢」を折るしぐさは誓いのしぐさであった。「族」の「矢」以外の部分は、自分が属する氏族の「旗」だ。その旗の下で「矢」を折るしぐさをして、氏族としての誓いを立てる字が「族」なのであり、「矢」を折るしぐさが誓いのしぐさゆえに「誓」には「折」の字形が入っている。

さらに「知」は「矢」と神様への祈りの祝詞を入れる器「𠙵《サイ》」を合わせた字形だが、それは神に誓ってはじめて、明らかに知ることできると考えられていたからだ。

土地や空間に通し矢をして、その場の邪霊を祓い、聖なるものとすることは、古代中国でも、また日本でも行われている。日本人が正月の初詣の際、破魔矢を買ったりするのも、あの矢に神聖な力があると考えられているからである。

白川静の文字学の特徴は、漢字の体系的な成り立ちを解明しただけでなく、漢字という「歴史の通路」を通して古代人の生活を復元して、現代人との関係を明らかにしたことにある。だからこそ、白川文字学を学ぶと漢字がいきいきとわれわれの前に姿を現すのだ。

「許慎はスゴイよ！」

漢字の字源的な考察では後漢の許慎がまとめた字書『説文解字』が有名だ。『説文解字』は長く漢字の聖典として扱われ、今も『説文解字』を基にして漢和辞典が作られている。しかし一八九九年に地中から甲骨文字が見つかり、その解読が進むと、『説文解字』には多くの間違いがあることがわかってきた。約三千三百年前に殷で漢字のルーツである甲骨文字が生まれたときから、『説文解字』が書かれるまでに千四百年の時間があり、その間に甲骨文字やその後の青銅器に鋳込んだ文字（金文）は、許慎が生きた時代には、ほとんど地中に埋もれていて、許慎が参照したくとも見ることができなかったのである。

その甲骨文字、金文などの資料を精密に読み込んだ研究から、『説文解字』に鋭い批判を加えて、中国人も成し得なかった新しい漢字の体系を作り上げたのが白川静である。

許慎の『説文解字』との関係で、少しだけ加えておくと、白川が許慎の『説文解字』に鋭い批判を加えて、これまでにない新しい体系的な文字学を打ち立てたことは事実だが、白川を単に許慎の『説文解字』を否定した人とみるのは、少し単純にすぎる考えではないかと思う。

確かに『説文解字』と白川の文字学には多くの違いがある。たとえば、「名」の字についての『説文解字』の解釈は「夕なるものは冥なり。冥《くら》くして相見ず。故に口を以て自ら名をいふ」（たそがれどきの、顔も定かに見えないときに名を告げる意）というものだが、白川は「許慎の説とも思えぬ俗説である」と厳しく否定している。白川によれば、「名」の上部は祭肉の形、下部は神様への祈りの祝詞を入れる器「𠙵《サイ》」の形で、祖霊に祭肉を捧げ、さらに神に祝詞を捧げて行う命名の儀礼が「名」である。

だが白川の『字統』『字通』『常用字解』などの字書を読んでみればわかるが、白川の解釈は必ずしも許慎の説を否定するばかりではない。『説文解字』の字説に従っている項目もかなりあることに気づく。先ほどの「許慎の説とも思えぬ俗説である」という言葉も、よく読んでみれば許慎への敬愛の念が含まれた言葉である。

許慎は漢字の字形からの分析を体系的に行った最初の人であるし、『説文解字』は漢字の体系的な成り立ちを記した最古の書だ。

白川の文字学を通して、甲骨文字、金文の字形を知り、そこから『説文解字』を読むと、『説文解字』には多くの間違いがあることが、私のような初心者でもすぐわかる。それでも、甲骨文字、金文を知らずに漢字の体系的な成り立ちを考えた許慎は、とても偉いのではないかと思う。

新聞連載のために白川静を取材するなかで、思い切って白川静に「でも、許慎って、スゴイのじゃないですか？」と直接、質問してみたことがある。

「そりゃ、許慎はスゴイよ!」と白川静は間髪入れず、大きな声で答えた。作家・酒見賢一との対談でも「許慎が『説文解字』を書いた時には、甲骨文や金文は地下に埋もれていた。それであれだけの体系を立てたというのは、やはり偉大であったと思うんです。もし許慎が今生きておれば、おそらく僕と同じ仕事をして、同じ結論に達したと思います」と白川は語っている。

この言葉と、苛烈とも言える許慎への批判をどのように考えたらいいのか。

内藤湖南への深い尊敬

白川静は九十歳のときに「京都の支那学と私」という講演をしている。その中で白川は、京都大学で東洋史講座を開いた内藤湖南への深い尊敬を語っている。内藤湖南は白川より四十五歳も年上なので、二人は出会ったことはないのだが、言葉の真の意味で「私淑」していたようである。

「単に学問をしたいからする、というようなことではなくて、学問をせざるを得ないというような、そういうその人自身にとっての内部衝迫的な、内から突き出てくるというようなものが、それぞれの研究者の中にはある、ということを感じるようになりました。そういうものを受け取りたい、そういう気持ちで全集を時々出して、いろいろ眺めてみる、ということをした」と白川は語っている。そういった自分の先輩研究者の全体系を知るよう努めていたが、特に内藤湖南については、その全集を買う前に、単行本でほとんど読んでしまうほどだった。

白川は昭和十（一九三五）年、立命館大学専門学部文学科国漢学科三年に在学のまま立命館中学の教諭となり、漢文・国語を教えていたのだが、その頃に、内藤湖南の頌寿記念の論文集が十円で出版されていた。中学教師としての報酬が六十五円の時代に、白川静はその本を購入したことなども話している。

その内藤湖南は、論じる対象の矛盾点や疑問点を的確につかみ出し、そこから自分の推論を展開していく方法がしっかりしている。その点を、白川は気に入っていた。

仕事も方法も独創

内藤湖南は「従来の学問の伝統に捉われない、新しい方法、新しい学問の分野というようなものを、常に意図しておられたんではないか」と白川は講演で語っているし、「先生の仕事はほとんど独創であり、しかもその方法もまた独創である」とも話している。

内藤湖南は、狩野直喜、桑原隲蔵とともに「京都の支那学」を創った人であり、「東の白鳥庫吉、西の内藤湖南」とも言われた人だが、京都大学ができたときに、当時の文部省

史［金文］ 使［金文］ 事［金文］

は内藤が帝国大学を出ておらず、学歴のないことから、教授に任用することを拒んだ。内藤が京大教授になるには、二年待たなくてはならなかった。前章で紹介した言葉で言えば、内藤湖南も白川が愛した「独学力行の人」タイプと言っていいだろう。

その内藤湖南は文字学にも興味を持っていて、「歴史」の「史」という字についての考察がある。この「史」は『説文解字』では「史は事を記す者なり。又（手）の、中を持するに従ふ。中は正なり」とあって、史官（史を司る役人）が、事を記録するのに、その中正を守る意味だとしている。

この『説文解字』の説は中国でも疑われていたようで、清末の歴史学者・王国維は、弓で矢を射る重要な儀礼の際、史官が的中した矢数を数えるとき、中（矢の容器）に入れて数えるので、「史」とはその矢器を持つ形だと解している。そして内藤湖南もほとんど同じ頃に、王国維とは交渉のないまま「矢入れ」の器を持つ形だという、ほぼ同じ説を出している。

この王国維と内藤湖南の解釈が、従来の「史」の解釈の定論だったようだ。でも白川によると、尊敬する内藤湖南の考えも間違っているのである。

白川の説では、この「史」の「中」は神様への祈りの祝詞を入れる器「𠙵《サイ》」を木につけた形で、この木につけた「𠙵《サイ》」を手に持ち、神に捧げて祭る形式の祭りを「史」という。「史」は殷の時代には廟の中で祖先の王を祭るときの「内祭」の名だった。地方に出て山河を祭るときには王の使者が「𠙵《サイ》」を大きな枝につけて捧げて行ったのだが、その使者が「使」という字だった。その使者が山河などで国家的な祭りを行うときには「𠙵《サイ》」をつけた木に吹き流しをつけて捧げた。その外祭を表す字が「事」である。このように「史」「使」「事」は一系をなす字なのである。

つまり「史」はもともと内祭の名前だったが、後に祭りをする人の意味となり、さらに祭りを記録する人、祭りの記録《ふみ》を意味するようにもなったのである。このことは『字統』のまるまる一頁（三段組）を費やして説明されているし、その「史」の項目の最後には王国維の説も内藤湖南の説も、もちろん紹介されている。ちなみに、白川静は自分の長女に「史」と名づけている。

先生の頭を踏んで進んでいく

このように尊敬する師でも「弟子たちは須《すべか》らく先生の頭を踏んで、その上を乗り越えて進んでいくというのでなければ、学問の進歩はあり得ない」と白川は述べている。

これは決して威張って言っているのではなく、内藤湖南より四十五年後に生まれてきた自分が十分な甲骨文字の資料を使い得たためであって、「内藤先生によって導かれた方法論をそのまま私が使っておるのであって、これは先生に恩返しをしておるのと同じことであります」とも述べているのである。

論じる対象の矛盾点や疑問点を的確につかみ出して、そこから自分の推論を展開していくという方法。従来の学問の伝統にとらわれない独創的方法。これはまさに白川の文字学の方法論そのものだが、「私淑」する師から学んだこの方法を使って、師の頭を踏んで、その上を乗り越えて進んでいくということが、許慎と白川静との関係にも当てはまるのではないだろうか。

独創的な方法でなされた仕事を、独創的な方法で超えていくからこそ、白川の仕事がダイナミックで、非常に大きなものとしてあるのだと思う。許慎の『説文解字』の配列に沿い、その字説に徹底的に批判を加えて、白川文字学の体系を示した『説文新義』も、許慎の偉大な研究への大きな敬意をもってなされているとの理解を忘れてはならないと思う。

「東洋」について

最晩年、白川静は「東洋」というものについて、しばしば語っていた。

「京都の支那学と私」の中でも語っているので、そこを出発点に、白川にとって「漢字」と「東洋」というものが、どのような関係にあるのかを紹介してみたい。

そもそも、文字を持たなかった日本人が、漢字という文字を使って日本語を表現しているわけだが、逆にわれわれは三千三百年も前の中国の文字資料を外国語である日本語で読むことができる。こうしたことはどうやって可能となったのだろう。第三章「白川静の弁証法的思考」でも触れたが、その疑問に白川は、これは古代における東アジアの文化圏というものが同一の基礎体験を持っていたのではないかと考えていた。その類同性の上に「東洋の文化がある。東洋の伝統がある」と語っているのである。

たとえば、「史」は「ふみ」とも読むが、「まつり」とも読む。神様への祈りの祝詞を入れる器「𠙵《サイ》」をつけた木を手に持って、神に捧げて祭る形式の祭儀が「史」であり、史祭という。その史祭は内祭である。紹介したように、大きな木の枝に神様への祈りの祝詞を入れる器「𠙵《サイ》」をつけて、使者が行って行う外祭が「事」である。その重要な祭事は「大事」と呼ばれた。

『字統』の「史」の項によれば、古代中国では「王朝の支配は、内祭的な史祭、外祭としての使者の派遣、その祭祀の執行という祭政的な形態をもって行われる。それを王事という。王事の起原的な意味は、諸邦族が王の派遣する祭りの使者を受け入れ、その祭祀の

顯（顕）［金文］ 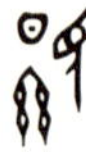

執行を認めるということ」であるという。それゆえに「史」を「まつり」と読み、王事という政治が「まつりごと」となる。

日本語でも「まつりごと」が「まつり」になる。国語の「まつり」は、『字訓』によれば、「待つ」という意味の言葉と同語源だが、白川は「京都の支那学と私」の中で「「待つ」というのは何を待つかというと、神霊が現れるのを待つのです。中国の場合にはそれを「顯《た》つ」という」と述べている。

「顯」（顕）という字の左上の「日」の部分は「玉」で、「玉」の下に糸飾り（日本で言えば、垂《しで》）を垂らして、神を呼んでいる。そうすると、神が顯《あらわ》れる、それを謹んで拝んでお迎えをするというのが「顯」という字。隠れたる神が顯れてくるのだ。

「その顯ち顯れるのを待つんです。そしてそれをまつる。そういうまつりを、神々の顯れる所で、これを迎えて御祭りをする。それで祭祀権を掌握するということが、その地域を支配するということになる」と話している。

日本で言えば、三輪山ならば、三輪の神の祭祀権を掌握すれば、その三輪信仰を持つ所の三輪族全体を支配することができる、というふうになり、これが「まつりごと」であると述べている。つまり中国においても日本においても、祭りを施行するということが「まつりごと」になるのである。

同一の原初的な宗教、信仰

「言葉の上でも、漢字の場合と日本語の場合とは密に重なること」を述べ、そういうふうなところがあって、初めて漢字が日本語に使われるのであり、もしこのようなことがなければ、漢字が日本語として使われる、つまり訓として日本語に直して、そのまま使うというようなことはおそらく不可能であったことを白川は話している。「そういうふうに日本語における基本的な語彙の意味構造と、漢字における基本的な意味構造とが相通うことが非常に多い」ことを具体的に述べているのだ。

そして「なぜ通うことが多いかと言えば、それはそういうふうに神に対する観念」がまったく同じであったからであると指摘。三千年以上前の資料を、「私は日本語で読むことができるんです。どこの世界に行っても、このような関係をもつ文字というものはあり得ない」「これは古代における東アジアの文化圏というものが同一の基礎体験をもつ、同一の原初的な宗教、信仰というようなものをもって、そこで生活をしてきた。そういうものがそのまま今日受け継がれてきている。お互いに各自の展開はしておりますけれども、しかし基本的に最も重要な点における類同性というものがある。そのうえに東洋の文化がある。東洋の伝統がある。こういうふうに私は思うのです」と白川は述べている。

「東洋」と「西洋」

ここから白川静は「東洋」の復興というものを述べていくのだが、では中国と日本がまったく同じ「東洋」であったかというと、白川は、そのように考えていなかった。同一の基礎体験、原始的宗教、信仰を持ちながら、そのうえで「お互いに各自の展開」をしている部分もちゃんと見ていた。

そもそも「東洋」という言葉自体、われわれ日本人が考える意味と中国人が考える意味がかなり違っているのだ。その点を見逃さないのも、白川の魅力である。

「東洋」という言葉。日本人が「東洋」というとき、それは「西洋」に対置するものとして考えられている。ヨーロッパの「西洋」に対して、アジアを「東洋」とする観念である。そうした意味での「東洋」という考えを初めて生み出したのは日本人だった。

『文字答問』の中に「東洋はどこか」という文章が収録されているが、それによると、蘭学を修めた佐久間象山や橋本左内（白川の生地・福井の出身）によって「東洋の道徳、西洋の藝術」という概念が初めて生み出された。

それに対して、「中国では今でも東洋といえばわが国を意味」するという。中国では「東洋」は日本をさす。この考え方は、中国を中心とする、いわゆる中華思想によって地理を考えるものである。中国から見て、東の洋にあるという意味なのである。

「中国にはヨーロッパを概括して西洋とする概念はありませんでした。従ってそれに対する東洋という語も生まれなかったのです。中国には自国を中華とする観念があって、アジアをヨーロッパに対置するという考え方はなかった。そこには東洋という語が、欧亜の二大陸を東西に両分する地理概念として生まれる余地はなかった」と白川は「東洋はどこか」に書いている。

奇数の中国、偶数の日本

中国と日本の違いは何か。中国と日本の共通する点は何か。このことを考え抜いていたのが、白川静だと私は思う。

たとえば、現在の漢字ブームの震源地となった『文字講話』という連続講演録の第Ⅰ巻『文字講話　Ⅰ』（平凡社、二〇〇二年／平凡社ライブラリー、二〇一六年）には「数について」という講演が収録されている。

それによると、中国の聖なる数は奇数が多いそうである。「天地人三才」「陰陽五行」

「五帝」、また神に奏するときの音楽に「九韶」（舜の楽）、「九弁」（禹の楽）がある。「七賢」などもそうかもしれない。

白川によると、中国の聖数に奇数が多いのは「中心に自らを置けるから」ということのようだ。五行思想の方角でいえば、まず中央があり、周囲に東夷・西戎・南蛮・北狄の東西南北があるという中華思想が聖数の奇数性に現れている。「夷・戎・蛮・狄」はいずれも野蛮な異民族という意味である。

これに対して、日本はどうだろう。「八百万の神」「八岐の大蛇」など偶数性の強い民族である。数の成り立ちも「みっつ」と「むっつ」が「MI」と「MU」の関係、「よっつ」と「やっつ」が「YO」と「YA」の関係にある。つまり「三つ」の倍が「六つ」、「四つ」の倍が「八つ」と数えている民族なのである。「ひとつ」と「ふたつ」も「HI」と「HU」、「いつつ」と「とお」も「TU」と「TO」という音の関係を持っている。「一」から「十」までの数の言葉に、倍数の関係を持つ言語は他に例のないもののようだ。

これらのことは、荻生徂徠が『南留別志《なるべし》』などで指摘していることだが、「数について」には、この「偶数的な考え方を好むものは、対偶的な、調和的な状態を重んずる」傾向があるのではないかという考えを白川は示している。

また韓国の数え方との対比について、韓国の数字もいろいろ比較した白鳥庫吉の研究を紹介しながら「白鳥先生も、合うものは無いと言って断念」していることを述べ、「韓国の数字と日本の数字が一致するという例は、ほとんど無いのであります」と言っている。

中国の「一」から「十」

日本語の「ひとつ」から「とお」までの偶数的な成り立ちを紹介したので、ここで漢字における「一」から「十」までを簡単に説明しておこう。

「一」「二」「三」は見ての通り、数を数えるときに使う算木を横向きに置いた形を表している。実は「四」も甲骨文字では横に四本の算木を置いた字形だった。でも算木の線の数が紛らわしい場合もあるので、「呬」という字の音だけ借りて、その省略形である「四」で表すようになった。「五」は古代文字だとわかりやすいが、木を斜めに交叉させて作った器物の二重の蓋の形。これを数字の「五」の意味に用いるのは、文字の音を借りて、別な意味を表す仮借の用法だ。「六」も古代文字のほうがわかりやすいが、これはテントの形で、数字の「六」の意味に使うのはやはり仮借の用法だ。

「七」は切断した骨の形で、この「七」に「刀」を加えた文字が「切」。「切」とは骨の膝のような部分を切り離して分解することである。「七」を数字の「シチ」の意味に使うのも仮借の用法。「八」は左右にものを分けて数える数え方をそのまま字形で示したもの。

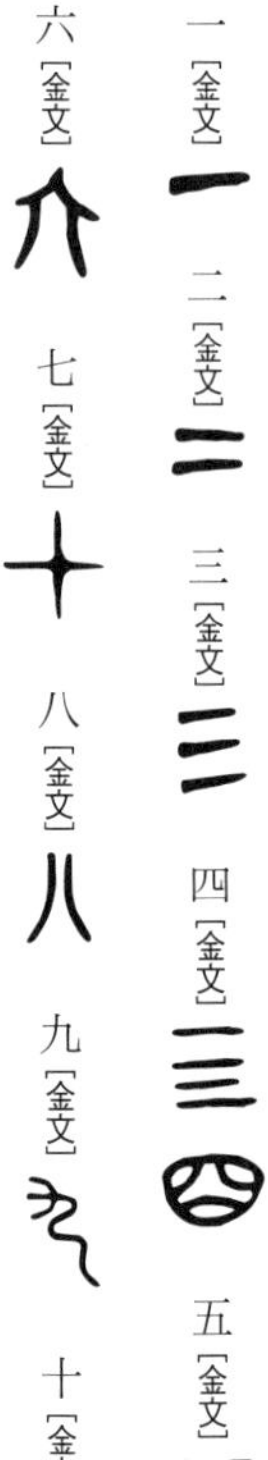

左右に分ける意味の「八」を含む文字に「分」がある。「分」は「八」と「刀」を合わせた文字で、「刀」でものを「八」のように左右に二つに分けることをいう。

「九」は身を折り曲げた竜の形である。竜の姿と思ってから、古代文字や現在の「九」の字を見てみれば、「九」の字が竜に見えてくるかもしれない。数字の「九」の意味に用いるのも仮借の用法。最後に「十」について。数を数えるときに、算木を横に一本置くと「一」のことだが、算木を縦に一本「｜」と書くと「十」の意味だった。古代文字では「｜」の中央部が膨らんだ形をしていて、この膨らんだ部分が左右横に伸びていって「十」という字形になった。

縦に「｜」と書いて「十」を示すことは、「二十」を「廿」と書くことや「三十」を「卅」と書くことに、今も残っている。

このように、中国の文字では、「一」から「十」までが、すべて異なる文字で数字が構成されている。ついでにひとつだけ、漢字の数に関するエピソードを紹介しておきたい。

古代文字の「七」と「十」を見てほしい。「七」の古代文字は、どうしても「十」としか見えないような文字となっている。中国人にとっても、この「七」と「十」は昔から紛らわしかったようだ。『詩経』に十月の日食を歌った詩があるのだが、周の時代にはこれに相当する日食がなく、どのことなのか長くわからなかったそうである。

ところが、近年になって英国の学者がこの「十月」は「七月」の間違いではないかと指摘して、二千年以上わからなかった謎が解けたという。そんな事実も『文字講話 I』では紹介されている。

九鬼周造『「いき」の構造』

話をもとに戻そう。「数というものは、民族としての一番基本的な語彙」とも白川は述べているが、同じ「東洋」と言っても、日本と中国では、このように大きな違いもあるのだ。

そして、白川の思考の特徴は、どれだけ漢字の世界を解明したとしても、漢字の世界や中国のことでとどまることはなく、それならば、日本ではどうであったかと発展していくのである。

白川は『文字講話 I』の中で、九鬼周造の『「いき」の構造』を例に挙げて「江戸時代に成立した「いき」「いきな」、「あの人はいきな人だ」というあの「いき」という言葉、これは純粋に日本語であり、純粋に日本語的な概念です」と指摘している。『「いき」の構造』の「いき」というのは、たとえばたてじまの二本で構成されるような、そういうきわめて均整のとれた、いわば感性的な観念であるというような規定がしてあったかと思うと述べ、さらに相対的に調和的な、そして洗練された美しさというような、簡素な美しさというものが日本的であるという九鬼周造の考えを紹介している。

そのうえで「外来のものを、自由に、柔軟にこのように風土に適した形で完成するということが、わが国の文化の特徴であったというべきでありましょう」と述べている。

中国の「五行的考え方というものは、天地間のあらゆるものを、網羅的に、すべて五行の秩序のなかに配当することができるという考えのもとに、組織されたもので、王朝の交替もまたこの秩序のうちにあった。それが五行思想の成立した時代の考え方で、戦国時代に起こり、秦漢の時代に陰陽の思想とともに組織された。このように、すべてのものをある原理のもとに整序するという考え方は、わが国には勿論ありません」と白川は記している。これに対して「わが国では、相対する二つのものの調和的な感覚、調和的な美しさというものが日本的特性である」と書いている。

このような偶数的、相対的、調和的な民族性の中から、われわれが使う「西洋」とペアとなった「東洋」という概念も生まれてきているのだ。「東洋」と「西洋」というように、常に相対的に考えていく思考法の特徴にこそ「東洋はどこか」というタイトルの意味があるのだろう。

中国や朝鮮半島との違いを考えながら、われわれ日本人の特徴をよく理解して、そこから「東アジアの地は、モンスーン地帯として、その気候風土が同じである。そこで営まれる生活は、有史以来、基本的に変ることのないものであった」し、「東洋は、必ず回復されるであろうし、また回復されなくてはならぬ」と考えていくのが、白川が抱いていた世界観なのだと思う。

「㠯」と「辰」

この章の中ほどで「弟子たちは須らく先生の頭を踏んで、その上を乗り越えて進んでいくというのでなければ、学問の進歩はあり得ない」と白川静が、講演「京都の支那学と私」で述べていることを紹介した。尊敬する内藤湖南であっても、内藤湖南から学んだ方法論で、内藤湖南の考え方を乗り越えていくから学問なのだと白川は語っていた。

ならば、白川静自身の学問はどうだろうか。白川静の学問はパーフェクトだろうか。

そのことについての、私の白川への質問と、それに対する白川の答えが、実に爽やかに、心に残っているので、この本の最後にそれを記しておきたいと思う。

第二章の「𠂤」をめぐる漢字の紹介のところでも述べたが、古代中国では、軍が行動するときに、自軍を守る祭肉「𠂤」を携行した。敵の軍を「追撃」するときには、この「𠂤」を切って、携行させた。軍隊を派遣する際にも、必ずこの「𠂤」を持たせたのだ。これが「追」や「遣」の字形の中に「𠂤」が含まれている理由である。

この「𠂤」は古代文字の形を見るとわかるが、二枚の肉（大きな切身の肉）の形をしている。

軍隊が携えている、この肉のことを「脤肉」という。「脤」の旁の「辰」は「蜃気楼」の「蜃」のことで、大蛤が足を出して動いている姿を表した象形文字である。「蜃気楼」は大蛤が吐く気によって、空中に楼閣などが現れると考えられていたことから、名づけられた現象だ。古代中国では、この「蜃」（大蛤）には、特別な力があると考えられていた。そして、この「辰」を含む文字には大蛤が足を出して動いていくことから、「動く」という意味があるのである。

その「動く」意味で、一番わかりやすい文字は「地震」の「震」だろう。「震」の「雨」は気象現象を表す字形。「震」は、もともとは「雷」や「雷鳴」がとどろく意味だった。雷のとどろきによって「ふるえる、ふるう」の意味となり、地震など大地や人や物が「ふるえる」意味となり、さらに「おどろく、おののく」となった。

「妊娠」の「娠」にも「辰」があるが、これは「腹の中の子供が動く」意味である。ただし「娠」という字は、母親自身が「自分の胎内で子が動くのを感じる」という意味で、妊娠した女性の姿をかいた象形文字ではない。妊娠した女性の姿をそのまま文字にしたのは「身」である。この「身」は妊娠して腹が大きくなった女性を横から見た象形文字。この「身」のほうが、もともとの妊娠を表す文字で、胎内の振動を意味する「娠《しん》」は、この「身《しん》」の形声字（意味を表す文字に、音声を表す文字を組み合わせる用法で作られた漢字）である。

さて、「辰」は「蜃《はまぐり》」のことだが、その「蜃」の肉には霊的な力があると信じられていたようだ。古代中国では「蜃」で卜《うらな》いをしていたらしく、甲骨文字の中に「辰」の字形に従う文字が多く出てくるという。

現在使われる文字ではないが、「屒《しん》」という文字があって、「茲《こ》の邑に屒すること亡《な》きか」「今夕、𠂤《し》（師）は屒すること亡きか」と卜っている。「邑」は村のことであり、「𠂤」は軍隊のこと。村や軍が、地震や事件で震驚《しんきょう》（ふるえおどろく）することがないかどうか

𠂤［甲骨文］ 　辰［甲骨文］ 　蜃［篆文］ 

をトったことが甲骨文字で残されていることを、白川は字書に書いている。

帰脤の禮

そして、軍が奉じる肉のことを「脤肉」と言った。このトいはいずれも軍行の際のものと考えられ、軍の守護霊である祭肉の「脤肉」に、何か異変があれば、それを不吉として、群衆が震驚するので、そのようなことがあるのかどうかをトっているのである。

「辰」の字形を含む文字で、もうひとつ、今もよく使われる文字を紹介すれば、「振」がそうである。「辰」は「動く」意味であり、それに「扌」(手)を加えた文字ゆえに、「手で動かすこと、振動すること」の意味が、すぐ浮かぶと思うが、白川静によると、「振動」の意味で「振」が使われるのは、一番新しく出てきた字義のようである。

つまり「振」の「辰」の部分は「脤肉」のことで、それに「扌」を加えて、軍が携えている「脤肉を持つこと」を意味する。「振」は「脤肉」を持つことで、軍を奮励振起することだった。軍行が終わって、凱旋するときは、その脤肉を祖廟に歸(帰)す「歸脤の禮(帰脤の礼)」が行われた。

このように、軍事行動が終わって、凱旋することを「振旅」と言う。第一章でも紹介したが、「旅団」という言葉もあるように、「旅」は軍旅・軍隊の意味である。「振旅」の

「振」は「整える」という意味で、「振旅」は軍隊を整え治めて凱旋すること。そこから「振」には「おさめる」の意味もある。

さて、「𠂤」は説明したように、古代文字は「二枚の肉（大きな切身の肉）」の形をしている。そして「辰」を含む文字は、すべて「蜃《はまぐり》」の肉の意味と思われる。

だが軍隊が行動するときに、自分たちをまもる守護肉としての祭肉を二種類も奉ずるだろうか。「𠂤」と「脤肉」は同じものではないのか。

軍行終了後、凱旋するときの「歸脤の禮」の「歸」には「𠂤」が含まれているので、「𠂤」と「脤」との間には密接な関係があることがわかる。では「二枚の肉」の「𠂤」と「はまぐりの肉」の「脤」には、どんな関係があるのだろうか。

真実の追究

そこで「𠂤」と「脤」との関係について、白川静に直接質問したことがある。そのときの白川の答えが忘れられない。

「それはいまひとつ、はっきりしないところがあるんよ」と、白川は率直に話していた。その点については、資料が足りないところがあることを白川は述べ、さらにわかっている部分とわかっていない部分について説明してくれた。

ここに記したことは、その後、私が白川の著作、字書を通して知ったことも多く、この「𠂤」と「脤肉」の関係について聞いたときには、もっと素朴な質問として聞いたように記憶しているのだが、それでも白川は、自分の考えばかりでなく、他の研究者の考えも紹介しながら話してくれた。そこには、まったく権威ぶったところはなかった。

この軍隊を守る祭肉が「𠂤」のように「二枚の肉」なのか、あるいは「脤肉」ゆえに「はまぐりの肉」なのか。また両者にはまだ解明されていない関係があるのか。これは漢字の成り立ちの体系を解き明かした白川の文字学の中でも、ピタリとは説明されていない部分、つまり「𠂤」の漢字の系列と、「辰」の漢字の系列が納得できるような形で述べられていない部分だと、正直思う。

だが、それについての素人の質問に、率直、真摯に答える白川の姿に、ほんとうに感銘を受けた。白川にとって「権威」などというものはまったく関係のないもので、「真実の追究」のみが大切なのである。真の碩学、真の研究者とはこういう人間のことなのだと思い、深く動かされるものがあった。

文字学、漢字学というものは、学問なのであって、漢字の体系的な成り立ちを解き明かした白川静の字説といえども盲目的に支持するというものではなく、当然、学問として、しっかり論じられるべきものである。白川の文字学への批判を読むことがあるが、そのなかには、細かい瑕疵をあげつらうことで満足するような内容のものもある。でも白川静への批判だけにとどまっているとしたら、文字学に興味を抱く者の一人として、そのような論考には失望を禁じ得ない。ここに紹介したように、白川の文字学といえども、パーフェクトではないのである。そのことが誰にでも伝わるからこそ、それは学問なのである。

そのことを一番わかっていたのが、白川自身なのだと思う。三千三百年も前に誕生した文字の成り立ちを解明するということには、それほど大きな困難がつきまとうものなのだろう。不足な部分や少しの瑕疵が、白川静といえどもないわけではないだろう。だが、白川の文字学が到達し、切り拓いた漢字の世界は、一般読者でもよくわかるほど、広く、深く、強い体系性を持っている。

白川の文字学を超えていくには、より広く、より深く、より強靭な文字の体系を提示すればいいだけである。そうすれば、白川の考えた文字学は、いっそう豊かな体系として超えられていく。そして、私が知っている白川静は、真に学問として乗り越えられている文字学の体系であるならば、そのことをきっと喜ぶ人であると思うのだ。

今後、そのような体系的な新しい文字学を切り拓く、第二、第三の白川静が出てきてほしいと願う。白川は自らの著作集について、「東洋の真実の姿を知るために」という一文の中で「文字は、東アジア諸族の文化を連ねる血脈であった。東洋の精神の本源はここにあることを確信して、三部の字書を作った」ことを述べ、「この機会に著作集を編集して、後学の方に残したい。拙い歩みであったが、何かの参考になるかも知れない」と記した。さらに最晩年には、私財を投じて、立命館大学に「立命館大学白川静記念東洋文字文化研究所」を設立した。自らの学問を超える人の登場を誰よりも願っているのは白川静本人にほかならないのだ。

あとがき

まえがき、本文は敬称抜きで記したが、あとがきについては敬称付きで記すことを許していただきたい。

三年ほど前のことだが、『白川静さんに学ぶ　漢字は楽しい』の翻訳が台湾で刊行されることになり、時間もなかったので、私の勤務先の通信社で働いている中国人女性のSさんに急ぎ翻訳のチェックをしてもらった。何の関係の本かも話さずに、本を持参したのだが、「白川静先生についての本ですか！」とSさんが言う。さらに「白川先生は中国でも、よく知られていますよ」と話すし、白川文字学についても知識があるので、「どこで白川さんの文字学を知ったのですか」と聞くと、「授業で、大学の先生が教えてくれました」とSさんは言うのだ。「中国ではあまり、白川さんのことは知られていないと聞いていたけれど……」と私が告げると、「そんなことないですよ」とSさんが微笑んでいる。

Sさんは北京大学卒だが、Sさんが学んでいた一九九〇年代頃は、同大学の文系の学生にとって、文字学は必修で、甲骨・金文から学び始めて、許慎の『説文解字』をはじめ中国の学者の文字学を学んだ後、大学の先生が日本の研究者として、白川さんの文字学研究を教えてくれたという。

「許慎以後に漢字を説きし者ありとのち見む人は語りつぐがね」。菊池寛賞を受けたとき、そんな短歌を白川さんは残している。許慎以後、白川静まで漢字を説いた者がいなかったという、自分の字説に対する自負が表れた歌でもあると思われるが、それは今の人たちがそのように語るのではなく、後の人が語り伝えるだろうからという歌であって、今はなかなか認められないなぁという気持ちが込められている。

「漢字は中国人の文化にとって、とっても大切なものです。それを学ぶのに、中国の学者の研究だから、日本の学者の研究だからというのは関係ないですよ。学問なんですから」。Sさんはそう語っていた。このSさんの話を白川さんに伝えたかった。白川さんの研究は、漢字の故郷、中国の人たちにもちゃんと届いていたのだ。

『白川静さんに学ぶ 漢字は楽しい』と、その続編『白川静さんに学ぶ 漢字は怖い』は台湾で刊行された後、現在、中国本土の出版社が翻訳中である。

＊

白川さんの文字学を学ぶと、古代中国人の姿が目の前に立ち現れてきて、彼らの価値観や生活が手にとるように理解可能となる。その古代中国人と日本人には、どのような共通点があり、両者はどのようにつながっているのか、またどのような相違点があり、どのように異なっているのか。それらがくっきりとわかるように思えるのだ。

古代中国人がわれわれ日本人の目の前に現れる、その「歴史の通路」が漢字であり、白川さんが解き明かした文字学の世界である。これが、白川さんの著作を読む楽しみであり、白川さんが根強いファンを持つ理由だろう。近年の日本、中国の関係を考えると、日本と中国の共通点を探り、また相違点をよく自覚したうえで、さらに「東洋」の平和を回復することが、ますます重要になってきている。そうしたことを考えるうえでも、漢字という文字を国字として共有していることは、非常に意味深いことであるし、白川さんの仕事を通して、あるべき「東洋」の姿を考えるきっかけに、この本がなればと思う。

*

白川さんの文字学の成果を子供向けに紹介する記事を長く書いてきたのだが、私が日本記者クラブ賞という新聞、通信社、放送局などの業界の賞をいただいたときにも、その子供向けに書き続けた白川文字学の紹介が授賞の理由として挙げられていた。

その賞を受けた折、平凡社の下中美都さんから、白川さんについての本を書くことを依頼され、没後十年を機にそれが実現した。平凡社は白川さんの仕事を支え続けた出版社である。その平凡社から白川さんの魅力を紹介する本を出すことができたことを個人的にもうれしく思う。本書を担当してくださった平凡社編集部の竹内涼子さんに感謝したい。また、新聞連載中などに、白川文字学について、いろいろ教えていただいた津崎幸博・史夫妻にも感謝したい。

白川さんが二〇〇六年に九十六歳で亡くなって、その三年後の夏から、古楽器・笙の演奏家、宮田まゆみさんを会長に、私が事務局長となって、「白川静会」という勉強会を定期的に東京で開いてきた。この本で記したことには、その会で私が発表したことが出発点になっていることも含まれている。発表を聞いて、いろいろ意見を寄せてくれた同会の会員に感謝の思いを記しておきたい。

*

最後に、白川静さんについて、忘れられないことがあるので、それを記して、このあとがきを閉じようと思う。

白川さんと原稿のやりとりをした記者や出版社の編集者なら、みな知っていることだが、白川さんのお宅へファクスや手紙などを送ると驚くほどの早さで返事が返ってきた。私も文字学についての自分の理解に間違いがないかを見てもらうために、書き上げた新聞連載の原稿をファクスしていた。たいていは一時間以内、早い場合は三十分でファクスが返ってきた。一時間を過ぎる場合は、長女の津崎史さんら家族の人と白川さんが散歩をしているときだった。

返ってくるファクスには、短い時間でも、間違いがあればちゃんと指摘してあったし、場合によっては、私の理解が正しい場合でも、厳密すぎて、記事の読者である子供たちに理解できるかどうかを案じて、「こうしたら、どうか」という提案まで記してあることもあった。

そして、あるとき、いつものように原稿を書き上げて、自分の理解に間違いがないか、白川さんに見てもらうため、ファクスを送り、その直後、白川さんのお宅に電話を入れた。夜の七時過ぎぐらいだったと記憶している。

何度も呼び出しの音がしたが、いつもは電話にすぐ出る白川さんが、なかなかお出にならず、電話を切ろうとした瞬間に、電話に出た。「白川さん、いつもの連載、ファクスでお送りしました」と私が言うと、「僕、ちょっと身体の具合が悪くて寝てたんよ」と白川さんがおっしゃる。

「えっ。もうしわけございません。白川さん、お休みになってください」「うん、少し休んだら見るから」「いや、ちゃんと休んでください」

そんなやりとりがあって、電話を切ろうとしたときに、「小山さん、急ぐんかね」と白川さんが言った。私があわてて「いやいや、明日で十分、間に合います。ともかく、お休みください」と言うと、白川さんは「うん、わかった」と電話を切った。私は、連載の原稿の処理が明日以降になることの手はずを整えて、その夜は勤務先の机を離れた。

そして、翌朝、会社に出勤すると、私の机の上に白川さんから返送されてきたファクスが置かれていた。驚いて、そのファクスの受信記録の時間を見ると、私が前夜、電話をかけた時間から、一時間も経っていなかった。

白川さんは、ほんとうに「少し休んだ」だけで、すぐに私の原稿を読んで、返送してくれたのだ。そのとき、一瞬、目頭が熱くなり、ファクスの文字が霞んで見えなくなった。白川さんは、前夜の私との電話のやりとりの言葉の中に〝どこか、急いでいる〟ものを感じて、少し休んだ後に起きて、私の原稿を見てくれたのだろう。このとき、白川静さんは九十四歳。文化勲章を受ける直前だった。

何冊かの白川文字学を紹介する本を書いてきたが、それらの本を書くたび、ここに記したような白川静さんの優しさ、漢字への情熱、その一所懸命さが、私の中で生き続けていることを知る。この本もそうした力で生まれた一冊である。

二〇一六年十月

著者

【著者】
小山鉄郎（こやま てつろう）
1949年生まれ。一橋大学卒業、73年共同通信社入社。84年から文化部で文芸欄、生活欄などを担当。現在、同社編集委員兼論説委員。白川静に学んだ文字学の基礎を2003年より10年以上にわたり新聞に連載。その功績等により、13年度日本記者クラブ賞受賞。著書に『村上春樹を読みつくす』（講談社現代新書）、『白川静さんに学ぶ 漢字は楽しい』『白川静さんに学ぶ　漢字は怖い』（ともに共同通信社／新潮文庫）、『白川静文字学入門 なるほど漢字物語』（共同通信社）、『大変を生きる——日本の災害と文学』（作品社）など。

平凡社新書828

白川静入門
真・狂・遊

発行日——2016年12月15日　初版第1刷

著者——小山鉄郎
発行者——西田裕一
発行所——株式会社平凡社
東京都千代田区神田神保町3-29　〒101-0051
電話　東京（03）3230-6580［編集］
　　　東京（03）3230-6573［営業］
振替　00180-0-29639
印刷・製本—株式会社東京印書館
装幀——菊地信義

ISBN978-4-582-85828-0
NDC分類番号821.2　新書判（17.2cm）　総ページ248
平凡社ホームページ　http://www.heibonsha.co.jp/